내 마음을 이해하는 40가지 감정 연습

초등 첫 감정 일기

올바른초등교육연구소 글 | 김성은 그림

상상아카데미

머리말

  이 책을 펼친 여러분은 지금 어떤 감정을 느끼고 있나요?

  우리는 수많은 감정을 느끼며 살고 있어요. 우리의 감정은 다양하고, 자주 바뀌기도 해요. 이런 감정들은 그냥 왔다가 사라지는 게 아니라 우리에게 중요한 이야기를 들려줘요. 어떤 일이 나에게 기쁨을 주고, 어떤 말이 나를 속상하게 하는지, 어떤 순간에 편안함을 느끼는지와 같은 이야기들을요. 내 감정을 잘 알면 나를 더 깊이 이해할 수 있어요.

  내 감정을 잘 아는 사람은 기분이 좋을 때 그 기쁨을 마음껏 누릴 수 있고, 슬프거나 속상할 때 스스로 위로할 수 있어요. 다른 사람의 마음도 잘 이해할 수 있죠.

  이 책에서 여러분은 다양한 감정 친구들을 만날 거예요. 감정 친구들과 함께 내가 어떤 감정을 느꼈는지, 어떤 상황이었는지, 그 감정이 어떤 기억으로 남았는지를 차근차근 생각하고 표현하다 보면 마음을 조금씩 정리할 수 있을 거예요.

　우리의 감정은 다양하게 표현할 수 있어요. 어떤 날은 내 마음을 일기로 남기고 싶고, 어떤 날은 그림으로 그리고 싶고, 어떤 날은 편지로 쓰고 싶을 수도 있겠죠? 감정을 다양하게 표현하는 건 나의 마음을 더 잘 알고 돌보는 힘을 길러 준다는 걸 꼭 기억해요!

　이제부터 내 감정과 친해지는 연습을 해 봐요. 감정은 나쁘거나 부끄러운 것이 아니에요. 그저 마음이 보내는 소중한 신호일 뿐이랍니다. 우리 마음의 신호를 잘 듣고 글로 정리하다 보면 여러분은 분명 더 따뜻하고 단단한 사람으로 자라날 수 있을 거예요.

올바른초등교육연구소 선생님 일동

활용법

『초등 첫 감정 일기』는 여러분의 감정을 만나고, 표현하는 연습을 도와주는 책이에요. 이 책을 어떻게 활용하면 좋을지 지금부터 하나씩 알려 줄게요. 천천히 따라와 보세요.

하나 　감정 어휘를 배워요.

우리가 자주 느끼는 감정의 이름을 하나씩 알아봐요. '행복하다', '설레다', '서운하다', '짜증 나다'와 같은 감정 어휘는 왜 배워야 할까요? 감정에도 이름이 있다는 걸 알면 내 마음을 더 잘 표현할 수 있고, 친구의 마음도 더 잘 이해할 수 있기 때문이에요. 감정 어휘를 많이 알수록 "그냥 기분이 안 좋아."가 아니라 "나는 지금 서운하고 속상해."처럼 정확하고 솔직하게 말할 수 있어요.

둘 　감정 캐릭터와 친구가 되어요.

이 책에는 '행복이', '슬픔이', '놀람이', '당황이' 등 감정을 나타내는 귀여운 캐릭터들이 등장해요. 각 캐릭터는 "안녕! 나는 이런 감정이야."라고 말하면서 자기소개를 하듯 감정을 쉽게 설명해 줄 거예요. 감정 캐릭터들과 함께 놀다 보면, 감정이 더 이상 낯설거나 어려운 게 아니라 우리 마음속에서 자주 만나는 친구처럼 느껴질 거랍니다.

셋   **질문에 맞춰 감정 일기를 써요.**

나의 감정을 잘 알려면, 마음속 이야기를 꺼내는 게 중요해요. 무엇을 써야 할지 모르겠나요? 이 책에는 감정 일기를 쉽게 쓸 수 있게 도와주는 질문이 있어요. "언제 이런 감정을 느꼈나요?", "그 감정은 어떤 색깔 같았나요?" 질문에 답을 쓰다 보면 어느새 여러분만의 감정 일기가 완성될 거예요. 감정 일기는 길게 쓰지 않아도 괜찮아요. 짧게, 한 줄이라도 솔직하게 쓰는 게 중요하다는 걸 기억하세요!

넷   **감정 놀이로 재미있게 감정을 표현해요.**

놀이로 감정을 표현하는 것도 아주 중요해요. 감정 말풍선 채우기, 감정 상자 만들기와 같은 놀이를 하며 말로는 잘 표현하지 못했던 감정도 자연스럽게 표현해 봐요!

기억해요!

이 책은 순서대로 하지 않아도 괜찮아요. 지금 여러분의 마음과 제일 가까운 감정부터 시작해도 돼요. '나는 오늘 기쁘니까 기쁨 일기부터 써야지!', '요즘 속상한 일이 많았으니까 슬픔이랑 먼저 이야기해 볼래.'처럼요. 이 책은 감정을 배울 수 있는 책이기도 하고, 마음을 솔직하게 쓸 수 있는 비밀 노트이기도 하니까요.

감정 소개

신나는 감정

| 기쁘다 | 뿌듯하다 | 설레다 | 자랑스럽다 |

| 자신만만하다 | 즐겁다 | 행복하다 | 흥미롭다 |

차분하고 따뜻한 감정

| 감동하다 | 감사하다 | 그립다 | 다정하다 |

| 사랑스럽다 | 안심하다 | 편안하다 | 희망차다 |

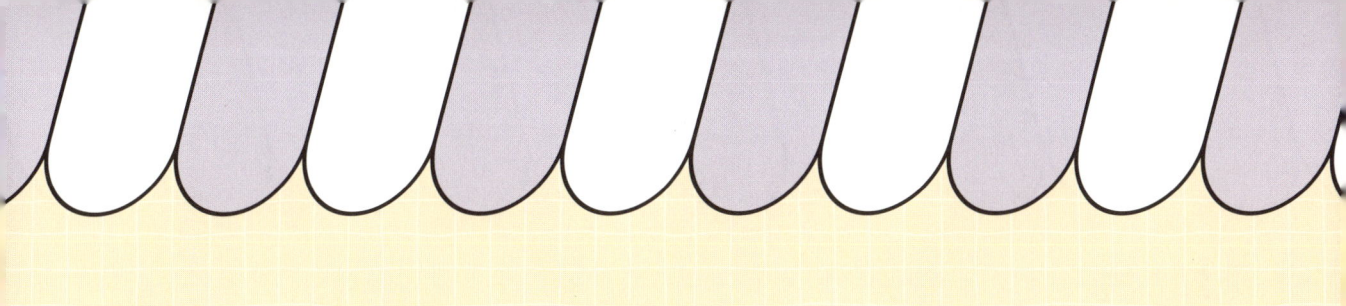

어두운 감정

| 걱정하다 | 두렵다 | 부끄럽다 | 서운하다 |

| 슬프다 | 실망하다 | 억울하다 | 후회하다 |

강렬한 감정

| 긴장하다 | 놀라다 | 당황하다 | 미안하다 |

| 속상하다 | 질투하다 | 짜증 나다 | 화나다 |

여러 감정을 함께 느끼는 경우도 있어!

차례

머리말 2
활용법 4
감정 소개 6

 **신나는 감정은 소중해!**

기쁘다 12 | 뿌듯하다 14 | 설레다 16 | 자랑스럽다 18
자신만만하다 20 | 즐겁다 22 | 행복하다 24 | 흥미롭다 26

 **차분하고 따뜻한 감정은 달달해!**

감동하다 30 | 감사하다 32 | 그립다 34 | 다정하다 36
사랑스럽다 38 | 안심하다 40 | 편안하다 42 | 희망차다 44

 **어두운 감정에도 이유가 있어!**

걱정하다 48 | 두렵다 50 | 부끄럽다 52 | 서운하다 54
슬프다 56 | 실망하다 58 | 억울하다 60 | 후회하다 62

 **이렇게 강렬한 감정은 처음이야!**

긴장하다 66 | 놀라다 68 | 당황하다 70 | 미안하다 72
속상하다 74 | 질투하다 76 | 짜증 나다 78 | 화나다 80

 **감정이 뒤죽박죽 복잡하고 미묘해!**

감동하다+행복하다 84 | 감사하다+미안하다 86
기대하다+실망하다 88 | 기쁘다+긴장하다 90
당황하다+기쁘다 92 | 설레다+걱정하다 94
자랑스럽다+부끄럽다 96 | 희망차다+두렵다 98

감정 일기 5일 챌린지 100

1장

✦ 신나는 감정은 소중해!

신나는 감정은 마음이 들뜨고,
좋은 일이 생길 것 같은 기분이에요.
놀이공원에 갈 때처럼 두근두근하고
자꾸자꾸 웃음이 나죠!

기쁘다

안녕? 나는 기쁨이야.
좋은 일이 있거나 마음이 환하게 빛날 때 나를 만날 수 있어.
나를 만나면 얼굴에 활짝 웃음이 피어나고 폴짝 뛰어다니고 싶어져!
누군가와 행복한 순간을 함께 나누고 싶기도 하지.
나는 그런 반짝이는 순간에 찾아가는 감정이야!

이렇게 표현해 봐요

♥ "기분이 좋아! 작은 기쁨도 소중하게 여길 거야."

♥ "정말 기뻐! 내가 느낀 기쁨을 함께 나누어야지."

감정 일기를 써 봐요

◯ 월 ◯ 일 ◯ 요일   ☺ 오늘의 감정 날씨
기쁘다

1. 내가 가장 기뻤던 순간은 언제였나요?

   _____

   _____

2. 기쁠 때 내 몸과 마음은 어떻게 변하나요?

   _____

   _____

3. 기쁨을 다른 사람과 나누려면 어떻게 하면 좋을까요?

   _____

   _____

감정 놀이를 해 봐요

✏️ 기뻤던 순간을 떠올리며 빈칸을 채우고, 나의 기쁨을 친구나 가족들과 나누어 보세요.

나는 _____ 순간에 정말 기뻤어!

내가 기뻤던 이유는 _____ 때문이야.

내가 느낀 기쁨을 다른 사람과 함께 나누고 싶어!

함께했던 사람들에게 _____ 라고 말해 줘야지.

뿌듯하다

안녕? 나는 뿌듯이야.
어려운 일을 끝까지 해냈을 때 나를 만날 수 있어.
그러면 기쁨이 마음에 가득 차오르고, 미소가 절로 지어져.
"와! 내가 해냈어!"라고 말하며 스스로를 칭찬하고 싶기도 해.

이렇게 표현해 봐요

♥ "힘든 일도 혼자서 해낼 수 있는 내가 정말 뿌듯해."

♥ "많이 걱정했는데 결국 해냈어! 이 뿌듯한 마음으로 다음에도 잘할 거야!"

감정 일기를 써 봐요

◯ 월 ◯ 일 ◯ 요일

☺ 오늘의 감정 날씨
뿌듯하다

1. 내가 가장 뿌듯했던 순간은 언제였나요?

----

2. 뿌듯함은 내 마음에 어떤 색깔을 남겼나요? 그렇게 생각한 이유는 무엇인가요?

----

3. 다음에도 뿌듯한 순간을 만들려면 어떻게 하면 좋을까요?

감정 놀이를 해 봐요

✎ 부모님, 선생님, 친구 중 한 명을 정해 '뿌듯함 인터뷰'를 해 보세요.

인터뷰 대상:

Q. 가장 뿌듯했던 순간은 언제였나요?

Q. 뿌듯함을 느꼈을 때 어떤 기분이 들었나요?

설레다

안녕? 나는 설렘이야.
기다리던 일이 일어나기 전이나 좋아하는 사람을 만날 때,
새로운 무언가를 시작할 때 나를 만날 수 있어.
나를 만나면 마음이 콩닥콩닥 뛰고, 몸이 살짝 들뜬 느낌이 들 거야.
얼굴에 미소가 번지고, '얼른 그 순간이 왔으면 좋겠다' 하는 생각도 들지.

이렇게 표현해 봐요

♥ "내일이 무척 기다려져. 정말 설렌다!"

♥ "즐거운 일이 생길 것 같아서 마음이 두근두근하고 설레."

감정 일기를 써 봐요

◯월 ◯일 ◯요일　　　　　　　☺ 오늘의 감정 날씨
설레다

1. 내가 가장 설렜던 순간은 언제였나요?

----

2. 설레는 감정을 느낄 때 내 몸과 마음은 어떻게 변하나요?

----

3. 설레는 순간을 오래 기억하려면 어떻게 하면 좋을까요?

감정 놀이를 해 봐요

✏️ 가장 설렜던 순간을 그림으로 그려 보세요.

자랑스럽다

안녕? 나는 자랑스러움이야.

어려운 일을 끝까지 해냈을 때 나를 만날 수 있어.

나를 만나면 가슴이 뿌듯해지고 얼굴에는 자신감 넘치는 미소가 번질 거야.

더 멋진 사람이 되고 싶고,

누군가에게 자신의 이야기를 들려주고 싶기도 해.

이렇게 표현해 봐요

- "내가 정말 자랑스러워! 열심히 노력한 보람이 있어."
- "더 멋진 내가 되기 위해 자랑스러운 순간을 기억해야지."

감정 일기를 써 봐요

◯월 ◯일 ◯요일

😊 오늘의 감정 날씨
자랑스럽다

1. 내가 가장 자랑스러웠던 순간은 언제였나요?

   ----

2. "네가 자랑스러워."라는 말을 들은 적이 있나요?

   ----

3. 스스로 더 자랑스러워지려면 어떤 노력을 해야 할까요?

감정 놀이를 해 봐요

✏️ 나에게 주는 '자랑 트로피'를 꾸며 보세요.

(예) 나는 그림 연습을 열심히 해서 미술 대회에서 1등을 했기 때문에 자랑 트로피를 받습니다.

나는 _____
_____ 했기 때문에
자랑 트로피를 받습니다.

자신만만하다

안녕? 나는 자신만만이야.
나를 만나면 어깨가 쭉 펴지고 마음이 단단해져.
새로운 일에 도전할 때 "나는 잘할 수 있어!" 하고 힘이 나지.
누구보다 멋지게 해내고 싶고,
"나만 믿어! 맡겨 봐!" 하고 당당하게 외치고 싶을 거야.

이렇게 표현해 봐요

♥ "연습을 많이 해서 자신만만해!"

♥ "나는 멋지게 해낼 수 있어. 자신만만하게 도전할 거야."

 **감정 일기를 써 봐요**

◯월 ◯일 ◯요일

😊 오늘의 감정 날씨
자신만만하다

1. 내가 가장 자신만만했던 순간은 언제였나요?

   ----

2. 자신만만할 때 내 몸과 마음은 어떻게 변하나요?

   ----

3. 앞으로 더 자신만만해지려면 어떤 노력을 해야 할까요?

 **감정 놀이를 해 봐요**

✏️ 내가 자신만만해지는 순간을 떠올리며, 나에게 보내는 응원 문구를 써 보세요.

(예) 나는 앞으로 무슨 일이든 잘할 수 있어!

21

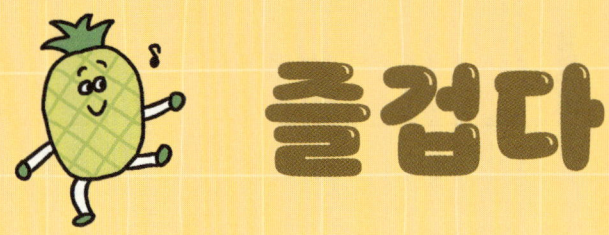

즐겁다

안녕? 나는 즐거움이야.
좋아하는 친구랑 놀거나, 신나는 노래를 들을 때 나를 만날 수 있어.
그 순간엔 몸이 가볍고 마음이 들떠서 웃음이 터져 나와.
소리 내어 깔깔 웃거나 춤을 추고 싶기도 해.
나는 너의 하루를 반짝이게 만드는 감정이야!

롤러코스터도 타고, 맛있는 간식도 먹고, 하루 종일 신나게 놀았어. 너무 즐거운 하루였어!

이렇게 표현해 봐요

♥ "오늘 하루 진짜 즐거웠어!"

♥ "즐거웠던 일을 생각하니까 자꾸 웃음이 나."

 **감정 일기를 써 봐요**

◯ 월 ◯ 일 ◯ 요일   ☺ 오늘의 감정 날씨
즐겁다

1. 내가 가장 즐거웠던 순간은 언제였나요?

----

2. 즐거울 때 내 몸과 마음은 어떻게 변하나요?

----

3. 오늘 하루를 더 즐겁게 보내려면 무엇을 해야 할까요?

 **감정 놀이를 해 봐요**

✏ 즐거운 감정과 관련된 단어를 바른 글씨로 따라 써 보세요.

즐	겁	다		웃	음	이		난	다
신	난	다		두	근	거	린	다
재	미	있	다		행	복	하	다

행복하다

안녕? 나는 행복이야.

즐겁거나 기쁜 일이 생기면 만날 수 있는 감정이지.

나를 만나면 마음이 가볍고 포근해져.

얼굴에 환한 미소가 번지고 콧노래를 부르고 싶기도 해.

"이 순간이 계속되면 좋겠다!"라는 생각이 들 수도 있어.

이렇게 표현해 봐요

♥ "좋은 날씨와 친구, 가족들 덕분에 정말 행복한 하루야."

♥ "행복한 이 순간을 사진으로 남겨 놓고 싶어."

감정 일기를 써 봐요

◯ 월 ◯ 일 ◯ 요일

😊 오늘의 감정 날씨
행복하다

1. 내가 가장 행복했던 순간은 언제였나요?

   _____
   _____

2. 내가 누군가를 행복하게 만들어 준 적이 있나요?

   _____
   _____

3. 행복한 순간을 오래 기억하는 방법에는 무엇이 있을까요?

   _____
   _____

감정 놀이를 해 봐요

✏️ 여러분은 언제 행복을 느끼나요? 행복한 순간을 담은 '행복 노트'를 만들어 보세요.
나를 행복하게 만드는 물건이나 음식, 노래 가사를 적어도 좋아요.

_____ 의 행복 노트

흥미롭다

안녕? 나는 **흥미로움**이야.
신기한 마술을 보면 '어떻게 이런 일이 생겼지?' 하고 궁금해지지?
놀라운 일을 보면서 눈이 반짝반짝 빛나고
머릿속이 궁금한 생각으로 가득찰 때 나를 만날 수 있어.

이렇게 표현해 봐요

♥ "정말 흥미로워. 신기하고 궁금해서 눈을 뗄 수가 없어."

♥ "흥미로운 이야기를 들으니 내 눈이 반짝반짝해졌어."

 **감정 일기를 써 봐요**

○ 월 ○ 일 ○ 요일   ☺ 오늘의 감정 날씨
흥미롭다

1. 내가 가장 흥미로웠던 순간은 언제였나요?

----

2. 흥미로움을 느낄 때 내 몸과 마음은 어떻게 변하나요?

----

3. 내가 더 알아보고 싶은 흥미로운 일이 있나요?

 **감정 놀이를 해 봐요**

✏️ 나만의 '흥미 사전'을 만들어 보세요.

내가 흥미롭다고 생각한 순간은?	그렇게 생각한 이유는?

차분하고 따뜻한 감정은 달달해!

차분하고 따뜻한 감정은
마음이 조용하고 부드러워지는 느낌이에요.
누군가 나를 아껴 줄 때나
포근한 담요를 덮었을 때처럼 말이죠.

감동하다

안녕? 나는 감동이야.
그림책 속 주인공이 그리운 친구들과 만나 환하게 웃거나,
용기를 내서 꿈을 이루는 장면을 볼 때 내가 살며시 찾아갈 거야.
그럴 땐 마음이 따뜻해지고, 누군가가 내 마음을 살짝 안아 주는 느낌이 들어.
나는 너의 마음 깊은 곳을 포근하게 감싸 주는 감정이야.

주인공이 힘든 일을 이겨 내고
끝내 행복해졌어.
너무 감동해서 마음이 따뜻해지네.

이렇게 표현해 봐요

♥ "친구의 편지에 감동해서 마음이 뭉클했어."

♥ "오늘 본 영화가 감동적이어서 눈물이 났어."

 **감정 일기를 써 봐요**

◯ 월 ◯ 일 ◯ 요일

☺ 오늘의 감정 날씨
감동하다

1. 책이나 영화를 보고 감동을 받은 적이 있나요?

----

2. 일상에서 감동을 받은 순간이 있나요?

----

3. 감동받을 때 내 몸과 마음은 어떻게 변하나요?

 **감정 놀이를 해 봐요**

✏ 책에서 본 감동적인 장면을 그림으로 표현해 보세요.

감사하다

안녕? 나는 감사야.
숙제를 도와준 친구에게
"정말 고마워! 네 덕분에 잘 해결했어."라고 말한 적이 있지?
나는 누군가의 도움을 받거나 소중함을 깨달을 때 나타나는 감정이야.
나와 친하게 지내면 주변의 고마운 일들이 더 크게 보일 거야!

학교에서 실수로 넘어져서 당황했는데, 선생님께서 도와주셔서 감사했어.

이렇게 표현해 봐요

♥ "선생님께 '도와주셔서 감사합니다.' 하고 인사해야지."

♥ "매일 감사함을 느낀 일 한 가지를 적을 거야!"

 **감정 일기를 써 봐요**

◯월 ◯일 ◯요일   ☺ 오늘의 감정 날씨
감사하다

1. 내가 가장 감사했던 순간은 언제였나요?

----

2. 감사한 마음이 들 때 나는 어떤 행동을 하나요?

----

3. 누군가에게 감사 인사를 받은 적이 있나요? 그때 내 기분은 어땠나요?

감정 놀이를 해 봐요

🖍 피자 조각에 감사한 일을 써서 '감사 피자'를 완성해 보세요.

(예) 아빠, 맛있는 밥을 해 주셔서 감사해요.

그립다

안녕? 나는 그리움이야.
소중한 추억이 떠올라 마음 한쪽이 살짝 찡할 때 나를 만날 수 있어.
오랫동안 만나지 못한 친구나 가족을 떠올리며
'그때 정말 즐거웠지…. 다시 만나고 싶어.'라고 생각할 때처럼 말이야.

이렇게 표현해 봐요

♥ "전학 간 친구가 그리워."

♥ "그리운 순간을 마음 깊이 간직할 거야."

 **감정 일기를 써 봐요**

○월 ○일 ○요일

☺ 오늘의 감정 날씨
그립다

1. 최근에 그리움을 느낀 순간은 언제였나요?

2. 그리움을 느낄 때 내 몸과 마음은 어떻게 변하나요?

3. 그리움을 달래는 나만의 방법이 있나요?

감정 놀이를 해 봐요

✏ 그리운 사람에게 편지를 써 보세요.

에게

다정하다

안녕? 나는 다정이야.

나는 따뜻한 말을 하는 사람, 배려하는 사람들과 친해.

친구가 힘들어할 때 "괜찮아. 내가 곁에 있어." 하고 말하는 걸 좋아해.

등을 살짝 토닥이며 용기를 주고, 따뜻한 말로 위로해 주는 것이

내가 자주 하는 행동이야.

이렇게 표현해 봐요

♥ "다정하게 응원해 줘서 고마워. 정말 힘이 나!"

♥ "곁에서 나를 생각해 주는 다정한 사람들 덕분에 마음이 포근해."

 감정 일기를 써 봐요

◯월 ◯일 ◯요일   😊 오늘의 감정 날씨
다정하다

1. 내가 누군가에게 다정함을 느낀 순간은 언제였나요?

   ----

2. 다정함은 내 마음에 어떤 색깔을 남겼나요? 그렇게 생각한 이유는 무엇인가요?

   ----

3. 다정한 사람이 되려면 어떤 말과 행동을 해야 할까요?

🚙 감정 놀이를 해 봐요

✏️ 평소에 사용하는 말을 다정한 말로 바꿔 보세요.

평소에 사용하는 말	다정한 말
빨리 해!	㉠ 내가 좀 더 기다려 줄게!
이거 내 거야.	
왜 그렇게 했어?	
나 지금 바쁘니까 말 시키지 마!	

37

사랑스럽다

안녕? 나는 **사랑스러움**이야.
누군가의 따뜻한 마음이 전해질 때 내가 살며시 찾아갈 거야.
가족이 포근하게 나를 안아 줄 때처럼 말이야.
그럴 땐 얼굴이 발그레해지고, 마음이 말랑말랑해져서
소중한 사람을 꼭 안아 주고 싶을 거야.

이렇게 표현해 봐요

♥ "사랑스러운 강아지를 보니 저절로 미소가 지어져."

♥ "내 곁에 사랑스러운 동생이 있어서 정말 행복해."

 **감정 일기를 써 봐요**

◯월 ◯일 ◯요일

😊 오늘의 감정 날씨
사랑스럽다

1. 누군가의 행동이나 모습을 사랑스럽다고 느낀 순간이 있나요?

　--

　--

2. 사랑스럽다는 말을 들은 적이 있나요? 그때 기분이 어땠나요?

　--

　--

3. 사랑스러움은 내 마음에 어떤 색깔을 남겼나요?

　--

　--

🚗 **감정 놀이를 해 봐요**

✏️ 사랑스러웠던 순간을 그림으로 그려 보세요.

안심하다

안녕? 나는 안심이야.
잃어버린 물건을 찾았을 때나 걱정하던 일을 무사히 해결했을 때
'다행이야.' 하고 한숨을 내쉰 적이 있지?
나는 초조한 마음이 차분해지고 편안해져서
몸도 한결 가벼워지는 감정이야!

물건을 잃어버려서 큰일 났다고 생각했는데, 가방 속에 있었네! 휴! 찾아서 안심이야….

🙂 이렇게 표현해 봐요

💚 "정말 떨렸는데 깊이 숨을 쉬니까 긴장이 풀리고 안심이 됐어."

💚 "엄마가 내 곁에 있어서 안심이야."

 감정 일기를 써 봐요

◯ 월 ◯ 일 ◯ 요일

☺ 오늘의 감정 날씨
안심하다

1. 걱정하던 일이 해결되어 안심했던 순간이 있나요?

   ----

2. 걱정이 사라지고 안심했을 때 내 몸과 마음은 어떻게 변하나요?

   ----

3. 내가 누군가를 안심시켜 준 적이 있나요? 그때 나는 어떤 말을 했나요?

🚗 감정 놀이를 해 봐요

✏️ 나를 안심시킬 수 있는 짧은 '안심 주문'을 만들어 보세요. 친구들과 주문을 교환하며 힘이 되는 말을 나누어도 좋아요.

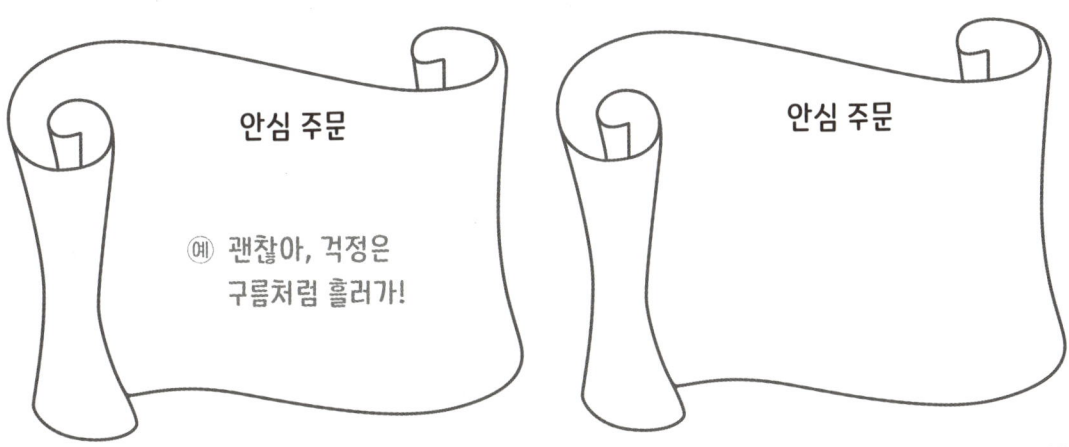

안심 주문

(예) 괜찮아, 걱정은 구름처럼 흘러가!

안심 주문

편안하다

안녕? 나는 **편안**이야.
조용하고 포근한 순간에 내가 살며시 찾아갈 거야.
그럴 땐 마음이 따뜻해지고, 온몸이 녹아내리는 기분이 들어.
나는 좋아하는 음악을 들으며 눈을 감거나,
비 오는 날 창가에 앉아 조용히 시간을 보내는 걸 좋아해.
나는 너를 부드럽게 안아 주는 감정이야.

오늘 하루도 끝났어.
푹신한 이불 속에 누우니
편안해서
몸이 녹아내리는 기분이야.

이렇게 표현해 봐요

♥ "마음이 편안한 친구와 함께 있으면 자꾸 웃음이 나."

♥ "오늘 하루를 잘 보내서 마음이 편안해."

감정 일기를 써 봐요

◯월 ◯일 ◯요일

☺ 오늘의 감정 날씨
편안하다

1. 오늘 하루 중 가장 편안했던 순간은 언제였나요?

   ----

2. 편안할 때 내 몸과 마음은 어떻게 변하나요?

   ----

3. 마음이 조급하거나 불안할 때, 마음이 편안해지기 위해 무엇을 하면 좋을까요?

감정 놀이를 해 봐요

✏️ 내가 편안함을 느끼는 소리를 떠올려 써 보세요.

㉠ 빗소리		

희망차다

안녕? 나는 희망이야.
나는 네가 밝은 미래를 꿈꿀 때
가슴이 두근거리게 하는 감정이야.
"이번에는 잘할 수 있을 거야!"라고 말하며 너를 응원할 거야.
나는 새로운 시작을 앞두고 있을 때 만날 수 있어!

 이렇게 표현해 봐요

♥ "희망하는 것을 이룰 수 있도록 계획을 세우고 실천해 볼 거야."

♥ "오늘은 좋은 일이 생길 것 같아서 희망찬 기분이야!"

 **감정 일기를 써 봐요**

◯월 ◯일 ◯요일

☺ 오늘의 감정 날씨
희망차다

1. 내가 가장 희망하는 일이 있나요?

   ----

2. 희망찰 때 내 몸과 마음은 어떻게 변하나요?

   ----

3. 희망찬 기분을 자주 느끼려면 어떤 생각을 하면 좋을까요?

 **감정 놀이를 해 봐요**

✏ 미래의 나에게 희망찬 메시지를 담은 편지를 써 보세요.

미래의 _____ 에게   ✦ TIP: 미래의 나에게 꿈이나 목표를 이뤘는지 물어보세요!

3장
어두운 감정에도 이유가 있어!

어두운 감정은 마음이 무겁고
속이 답답해지는 느낌이에요.
기분이 안 좋거나 마음이 아플 때
어두운 감정들이 생겨요.

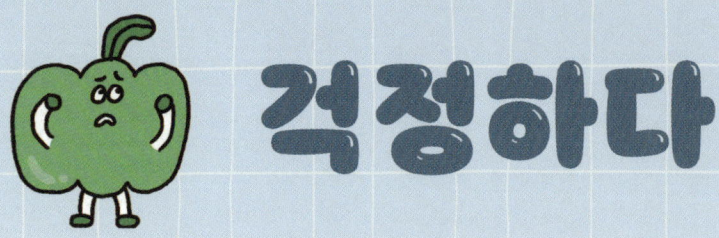

걱정하다

안녕? 나는 걱정이야.
중요한 시험이나 발표를 앞두었을 때 나를 만날 수 있어.
나는 어떤 일이 일어날지 몰라 불안한 감정이거든.
나를 만나면 가슴이 뛰거나 손바닥에 땀이 날 수도 있어.
하지만 나는 너를 괴롭히는 감정이 아니야!
오히려 나를 활용하면 실수를 줄일 수 있어.

 이렇게 표현해 봐요

💚 "늦잠 잘까 봐 조마조마하고 걱정돼서 일찍 잤어."

💚 "걱정은 내 마음이 무언가를 준비하라고 알려 주는 신호야."

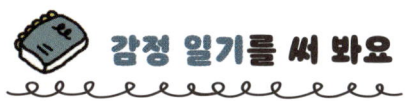 **감정 일기를 써 봐요**

◯ 월 ◯ 일 ◯ 요일

😊 오늘의 감정 날씨
걱정하다

1. 요즘 나의 가장 큰 걱정은 무엇인가요?

---

2. 걱정이 많을 때 내 머릿속은 어떤 생각들로 가득 차 있나요?

---

3. 친구가 무언가를 걱정할 때 어떤 말을 해 주면 좋을까요?

 **감정 놀이를 해 봐요**

✏️ 내가 걱정하는 것을 '걱정 주머니'에 쓰고, 그 이유를 말해 보세요.

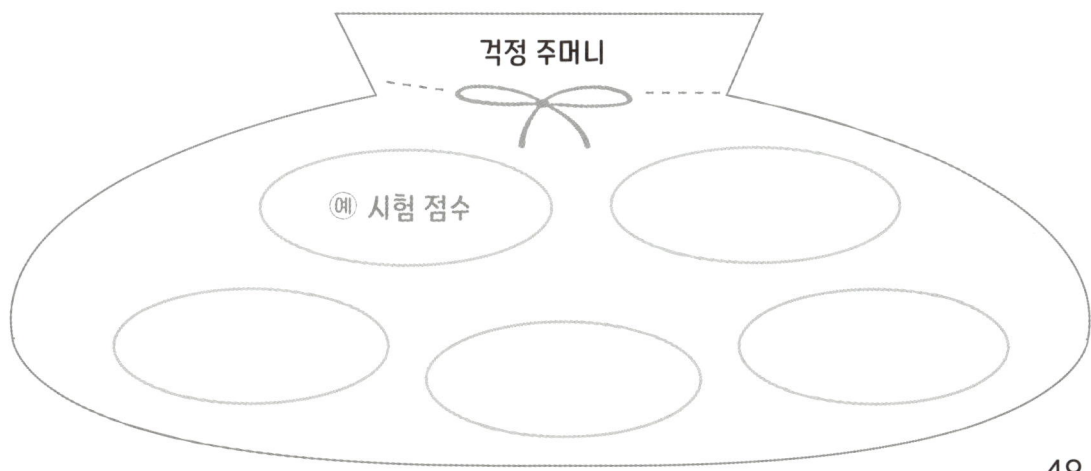

49

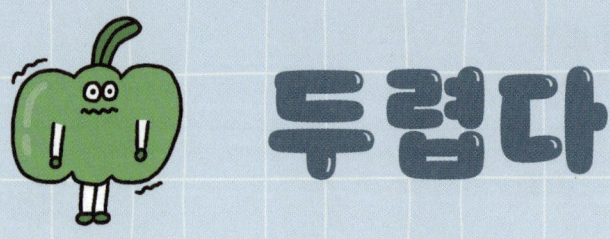

두렵다

안녕? 나는 **두려움**이야.
낯선 곳에 갈 때, 깜깜한 방에 혼자 있을 때 나를 만날 수 있어.
나를 만나면 가슴이 쿵쿵 뛰고 손이 살짝 떨릴 수도 있어.
도망치고 싶거나 가만히 숨고 싶을지도 몰라.
하지만 나는 너의 마음을 보호하려고 생긴 감정이야.
조심스럽게 행동하고 위험을 피하는 데 도움을 줄 수 있지.

불을 끄고 누웠는데, 창문 너머에서 이상한 소리가 들리는 것 같아. 혹시 무슨 일이라도 생기는 건 아닐까? 너무 무섭고 두려워!

🙂 이렇게 표현해 봐요

💚 "좋아하는 노래를 부르면 덜 두려울 거야."

💚 "두려워도 괜찮아. 용기를 내 볼래!"

감정 일기를 써 봐요

◯월 ◯일 ◯요일

☺ 오늘의 감정 날씨
두렵다

1. 내가 가장 두려웠던 순간은 언제였나요?

　---------------------------------

2. 두려울 때 내 몸과 마음은 어떻게 변하나요?

　---------------------------------

3. 두려웠지만 용기 내어 본 경험이 있나요?

감정 놀이를 해 봐요

✏ 두려운 순간을 이겨 낼 수 있도록 '용기 갑옷'을 꾸미고, 갑옷이 내는 힘을 상상해서 써 보세요.

용기 갑옷 꾸미기	용기 갑옷이 내는 힘

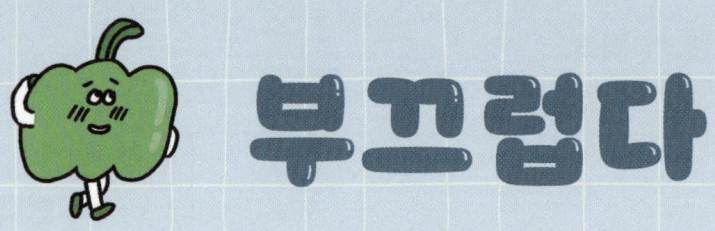

부끄럽다

안녕? 나는 부끄러움이야.
나는 실수하거나 창피한 일을 겪을 때 생기는 감정이야.
나를 만나면 얼굴이 빨갛게 변하고 심장이 쿵쾅쿵쾅 뛰기도 해.
고개를 푹 숙이고 꼭꼭 숨고 싶을 수도 있어.
하지만 괜찮아! 나는 누구나 느끼는 감정이거든!

이렇게 표현해 봐요

♥ "친구에게 마음을 고백하려는데 부끄러워서 말이 안 나왔어."

♥ "부끄럽지만 괜찮아. 당당하게 행동하자!"

 **감정 일기를 써 봐요**

○월 ○일 ○요일 　　　　　오늘의 감정 날씨
부끄럽다

1. 내가 가장 부끄러웠던 순간은 언제였나요?

----

2. 부끄러움을 느낄 때 내 몸과 마음은 어떻게 변하나요?

----

3. 다음에 부끄러움을 느낄 때 어떻게 하면 좋을까요?

 **감정 놀이를 해 봐요**

✏️ 친구가 겪은 부끄러웠던 경험을 듣고, 어떤 말을 해 줄 수 있을지 적어 보세요.

친구들 앞에서 자전거를 타다가 실수해서 넘어졌어.
너무 부끄러웠어!

서운하다

안녕? 나는 서운이야.
함께 놀기로 약속한 친구가 다른 친구와 놀 때,
방 청소를 했는데 엄마가 몰라 줄 때처럼
기대했던 일이 이루어지지 않을 때 만나는 감정이야.
속이 상해 마음이 답답하고 축 처질 수도 있고,
괜히 눈물이 나올 것 같기도 해.

 이렇게 표현해 봐요

♥ "너무 서운해. 마음을 쌓아 두지 말고 속상했다고 이야기해야지."

♥ "서운한 마음 때문에 나를 탓하지는 말자."

 **감정 일기를 써 봐요**

◯ 월 ◯ 일 ◯ 요일

☺ 오늘의 감정 날씨
서운하다

1. 기대했던 일이 일어나지 않아 서운했던 경험이 있나요?

---

2. 서운한 마음을 풀기 위해 할 수 있는 일은 무엇이 있을까요?

---

3. 내가 다른 사람을 서운하게 만든 적이 있나요?

 **감정 놀이를 해 봐요**

✏ 서운했던 마음을 문자 메시지처럼 써 보세요.

(예) 미소야, 어제 학교 끝나고
나도 같이 놀고 싶었는데,
나만 빼고 가서 정말 서운했어….

슬프다

안녕? 나는 슬픔이야.

누군가와 헤어질 때, 소중한 물건을 잃어버렸을 때 나를 만날 수 있어.

나와 함께 있으면 마음이 무겁고 눈물이 핑 돌기도 해.

힘이 쭉 빠져서 가만히 있고 싶거나, 아무 말도 하기 싫을 수도 있지.

하지만 난 자연스러운 감정이니 멀리하지 않아도 돼!

이렇게 표현해 봐요

💚 "너무 슬퍼. 마음을 솔직하게 털어놓고 위로를 받고 싶어."

💚 "좋아하는 음악을 듣거나 따뜻한 음료를 마시면 슬픈 기분이 나아질 거야."

감정 일기를 써 봐요

◯ 월 ◯ 일 ◯ 요일 　　　😊 오늘의 감정 날씨
슬프다

1. 내가 가장 슬펐던 순간은 언제였나요?

----

2. 슬플 때 내 몸과 마음은 어떻게 변하나요?

----

3. 슬픈 마음을 나아지게 하려면 어떻게 하면 좋을까요?

감정 놀이를 해 봐요

✏️ 위에서 일기로 쓴 슬픈 마음을 '슬픔 온도계'에 표시하고, 슬픔 온도를 낮추는 방법을 써 보세요.
(온도가 높을수록 슬픔이 크다는 뜻이에요.)

　　　　　　0　　　　　　25　　　　　　50

슬픔 온도계

슬픔 온도를 낮추는 방법: _____

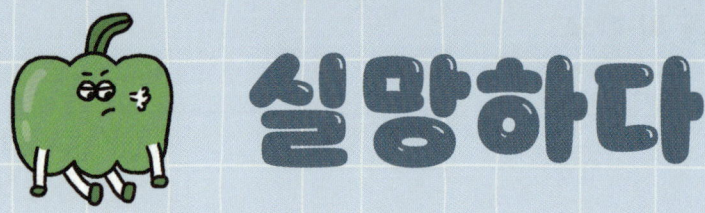

실망하다

안녕? 나는 실망이야.
기대했던 일이 생각대로 되지 않았을 때, 열심히 했는데 원하는 결과가
나오지 않았을 때, 친구가 약속을 지키지 않았을 때
마음이 쿵 떨어진 것 같은 기분을 느낀 적이 있지?
그때 느낀 감정이 바로 나, 실망이야.
나를 만나면 마음이 무겁고 '괜히 기대했어.' 하면서 속상해질 수 있어.

소풍을 기대했는데, 비가 와서 못 가게 됐어. 정말 실망스럽고 속상해. 이번 주 내내 기다렸는데!

 이렇게 표현해 봐요

♥ "기대했던 일이 취소돼서 실망했어."

♥ "언제든 다음 기회는 있어. 다음에는 더욱 즐거울 테니 실망하지 말자."

감정 일기를 써 봐요

◯월 ◯일 ◯요일

☺ 오늘의 감정 날씨
실망하다

1. 내가 가장 실망했던 순간은 언제였나요?

----

2. 실망한 감정을 잘 표현하지 못해서 속상했던 적이 있나요?

----

3. 내가 실망했을 때 나를 위로해 준 사람은 누구였나요?

감정 놀이를 해 봐요

✏️ 실망한 기분을 바꿀 수 있는 '실망 회복 쿠폰'을 만들어 보세요.

실망 회복 쿠폰	예) 나에게 초콜릿 선물하기

실망 회복 쿠폰	

실망 회복 쿠폰	

실망 회복 쿠폰	

억울하다

안녕? 나는 억울이야.
잘못한 게 없는데 혼났을 때, 친구가 나 대신 칭찬을 받았을 때,
오해를 받아서 속상할 때 나를 만날 수 있어.
나를 만나면 '사람들이 내 말을 들어주지 않아.'라는 생각이 들기도 해.
눈물이 날 것 같기도 하고 화가 나서 괜히 뾰로통해질 수도 있어.

내가 한 일이 아닌데
부모님께 혼이 났어.
내 말을 믿어 주지 않으니까
너무 답답하고 억울해!

이렇게 표현해 봐요

♥ "억울해서 눈물이 날 것 같고, 어떻게 말해야 할지 모르겠어!"

♥ "너무 억울해! 침착하게 내 생각을 말할 거야."

 **감정 일기를 써 봐요**

◯월 ◯일 ◯요일　　　　　　　　☺ 오늘의 감정 날씨
억울하다

1. 내가 가장 억울했던 순간은 언제였나요?

----

2. 억울할 때 내 몸과 마음은 어떻게 변하나요?

----

3. 억울한 상황이 생겼을 때 어떻게 하면 내 생각을 잘 표현할 수 있을까요?

감정 놀이를 해 봐요

✏ 나만의 억울이를 꾸미고, 억울이의 마음을 말풍선에 써 보세요.

후회하다

안녕? 나는 후회야.
시험이 끝난 후 '조금만 더 열심히 공부할걸….' 하는 아쉬운 마음,
친구에게 화를 내고 나서 '미안하다고 말할걸….' 하는 아쉬운 마음이야.
나는 자꾸 '이렇게 했으면 어땠을까?' 하고 지나간 일을 되돌아보게 만들어.
그래서 나를 만나면 마음이 무겁고 답답해질 수 있어.

숙제를 다 했다고 거짓말했는데, 결국 들켜 버렸어. 솔직하게 말할걸. 부모님께서 실망하신 것 같아 후회돼.

 이렇게 표현해 봐요

♥ "그때 내가 왜 그랬을까…. 너무 후회돼."

♥ "후회되는 일이 있다면 진심 어린 사과를 하거나 실수를 바로 잡을 거야."

 감정 일기를 써 봐요

◯월 ◯일 ◯요일

☺ 오늘의 감정 날씨
후회하다

1. 내가 가장 후회하는 순간은 언제인가요?

---

2. 후회할 때 내 몸과 마음은 어떻게 변하나요?

---

3. 후회되는 일이 자꾸 생각날 때, 마음을 다독이는 나만의 방법이 있나요?

 감정 놀이를 해 봐요

✏ '후회 지우개'는 후회되는 순간을 지울 수 있어요. 위에서 일기로 쓴 후회되는 순간을 지운 후, 어떻게 말하거나 행동하고 싶은지 써 보세요.

후회 지우개가 있다면?

㉠ 친구한테 크게 화를 낸 일이 후회돼요. 후회 지우개로 그 순간을 지운다면 화내지 않고 차분하게 말할 거예요.

4장

이렇게 강렬한 감정은 처음이야!

강렬한 감정은 마음속에
세차게 밀려오는 감정이에요.
기분이 순식간에 확 바뀌거나
몸이 반응할 정도로 강하게 느껴지죠.

긴장하다

안녕? 나는 긴장이야.
사람들 앞에서 발표할 때, 낯선 사람을 만날 때,
중요한 경기를 앞두었을 때 나를 만날 수 있어.
그럴 때면 손이 차가워지고, 심장이 두근두근 뛸 수도 있어.
'혹시 실수하면 어쩌지?', '사람들이 나를 이상하게 보면 어떡하지?' 하는
걱정이 머릿속을 가득 채울 수도 있지.

이렇게 표현해 봐요

💚 "긴장했더니 손에 땀이 나. 몸을 살짝 움직이면서 긴장을 풀어 보자."

💚 "너무 긴장돼! 어떤 결과든 최선을 다했다면 멋진 경험이 될 거야!"

감정 일기를 써 봐요

◯ 월 ◯ 일 ◯ 요일 　　　😊 오늘의 감정 날씨
긴장하다

1. 내가 가장 긴장했던 순간은 언제였나요?

　---

2. 긴장하면 나도 모르게 나오는 습관이 있나요?

　---

3. 긴장을 풀기 위한 나만의 방법이 있나요?

감정 놀이를 해 봐요

✏️ 내가 긴장하는 순간을 떠올리고, 긴장의 정도를 1~5단계로 표시해 보세요.

내가 긴장하는 순간	긴장 레벨
예) 친구들 앞에서 발표할 때	★★★★☆
	☆☆☆☆☆
	☆☆☆☆☆
	☆☆☆☆☆

놀라다

안녕? 나는 놀람이야.

예상하지 못한 일이 갑자기 일어날 때 나를 만날 수 있어.

갑자기 큰 소리가 들리거나 깜짝 선물을 받을 때처럼 말이야!

그럴 때면 눈이 동그랗게 커지고, 가슴이 쿵쿵 뛰기도 해.

몸이 움찔하거나 순간 아무 말도 못할 수도 있어.

교실에서 조용히 공부하고 있었는데, 문이 갑자기 쾅 하고 닫혔어! 깜짝 놀라서 심장이 두근거렸어.

이렇게 표현해 봐요

💚 "놀라서 심장이 쿵쿵 뛰어!"

💚 "깜짝 놀랐어! 무슨 일인지 확인해 보고 마음을 가라앉혀야겠어."

 **감정 일기를 써 봐요**

◯ 월 ◯ 일 ◯ 요일

☺ 오늘의 감정 날씨
놀라다

1. 내가 가장 놀랐던 순간은 언제였나요?

2. 놀랐을 때 내 몸과 마음은 어떻게 변하나요?

3. 다른 사람이 깜짝 놀라는 모습을 본 적이 있나요? 그 사람은 어떤 행동을 했나요?

 **감정 놀이를 해 봐요**

✏️ 깜짝 놀란 마음을 가라앉힐 수 있는 '마음 물약'을 꾸며 보세요.

마음 물약

(예) 심호흡을 크게 해서 마음을 가라앉혀요.

마음 물약

당황하다

안녕? 나는 당황이야.
갑자기 선생님이 이름을 부르거나 실수를 했을 때
머릿속이 하얘지고, 뭐라고 해야 할지 몰라서 우물쭈물한 적이 있지?
나를 만났기 때문이야!
나를 만나면 얼굴이 빨개지고 손이 바빠지거나 말을 더듬을 수도 있어.

사물함에 뒀던 필통이 사라졌어. 다른 곳에 뒀나? 아니면 누가 가져간 걸까? 너무 당황해서 머릿속이 복잡해!

 이렇게 표현해 봐요

💚 "선생님이 질문을 했는데 당황해서 아무 말도 못했어."

💚 "학교에서 실수해서 당황했어. 하지만 괜찮아. 누구나 그럴 수 있어."

 **감정 일기를 써 봐요**

○월 ○일 ○요일   ☺ 오늘의 감정 날씨
당황하다

1. 내가 가장 당황했던 순간은 언제였나요?

2. 당황했을 때 내 몸과 마음은 어떻게 변하나요?

3. 다음에 비슷한 순간이 찾아왔을 때 당황하지 않으려면 어떻게 하면 좋을까요?

감정 놀이를 해 봐요

당황했던 순간을 짧은 2컷 만화로 표현해 보세요.

미안하다

안녕? 나는 미안이야.
실수로 친구의 물건을 망가뜨렸거나, 친구와의 약속을 못 지켰던 경험이 있을 거야.
그럴 때면 마음이 무겁고 가슴이 콕 찔린 것처럼 아프기도 해.
바로 나를 만났을 때 느낄 수 있는 마음이야.
나는 소중한 관계를 더 단단하게 만들어 주는 감정이야.

이렇게 표현해 봐요

♥ "나의 잘못을 인정하고 미안하다고 솔직하게 말하자."

♥ "거짓말을 해서 미안해요."

감정 일기를 써 봐요

◯월 ◯일 ◯요일

☺ 오늘의 감정 날씨
미안하다

1. 내가 가장 미안했던 순간은 언제였나요?

---

2. 사소한 일에도 미안하다고 말하는 편인가요? 아니면 쉽게 말하지 않는 편인가요?

---

3. 미안한 마음을 전하는 가장 좋은 방법은 무엇이라고 생각하나요?

감정 놀이를 해 봐요

✏️ 미안함을 느낀 순간을 떠올리고, 시간을 되돌릴 수 있다면 어떻게 행동했을지 써 보세요.

미안함을 느낀 순간	시간을 되돌릴 수 있다면?
(예) 늦잠을 자서 친구와 만나기로 한 약속을 지키지 못해서 미안했어요.	(예) 전날 미리 알람을 맞춰서 잊어버리지 않게 할 거예요!

속상하다

안녕? 나는 속상이야.
나와 함께하면 마음 한쪽이 무겁고 답답해져.
기대했던 일이 틀어져서 '왜 이런 일이 생겼지?' 하는 생각이 자꾸 맴돌아.
화가 나는 건 아니지만 마음이 불편하고
누군가에게 답답한 마음을 털어놓고 싶어져.

친구랑 놀기로 약속했는데, 친구가 약속을 지키지 않아서 놀이터에 나 혼자 남았어. 기다리다 지치고, 속상했어.

이렇게 표현해 봐요

♥ "내 마음을 있는 그대로 받아들이자. 나는 지금 속상해."

♥ "혼자 끙끙 앓지 말고, 속상한 마음을 솔직하게 말해 보자."

 **감정 일기를 써 봐요**

◯월 ◯일 ◯요일   ☺ 오늘의 감정 날씨
속상하다

1. 내가 가장 속상했던 순간은 언제였나요?

2. 속상한 마음을 푸는 나만의 방법이 있나요?

3. 다음에 속상한 일이 생긴다면 어떻게 할 것인가요?

 **감정 놀이를 해 봐요**

✏ 속상한 마음을 그림으로 표현해 보세요.

질투하다

안녕? 나는 질투야.
나는 친구가 새 가방을 자랑하거나 선생님이 친구만 칭찬할 때 나타나.
나를 만나면 마음이 불편하고 '나도 저랬으면 좋겠다'는 생각에
자꾸만 다른 사람을 신경 쓰게 돼. 가끔은 괜히 속상해서 울컥할지도 몰라.
나는 네가 뭘 원하는지 알려 주는 신호니까 마음을 잘 들여다봐!

친구가 새 장난감을 자랑했어.
나도 갖고 싶은데….
내 장난감보다 더 좋아 보여서
질투가 나.

이렇게 표현해 봐요

♥ "칭찬 받는 친구를 보니 질투가 나서 마음이 복잡해."

♥ "친구의 장난감이 부러워서 질투나. 하지만 내 장난감도 멋지고 소중해!"

감정 일기를 써 봐요

◯월 ◯일 ◯요일

😊 오늘의 감정 날씨
질투하다

1. 누군가를 질투한 경험이 있나요? 그때 내 행동은 어땠나요?

   ----

2. 질투가 날 때 어떤 생각들이 떠오르나요?

   ----

3. 다른 사람이 나를 질투하는 것 같다고 느낀 적이 있나요? 그렇게 느낀 이유는 무엇인가요?

감정 놀이를 해 봐요

✏️ '질투 안경'을 벗으면 질투 나는 상황을 다르게 볼 수 있어요. 질투했던 순간을 떠올려 보고, 어떻게 말하거나 행동하면 좋을지 써 보세요.

질투했던 상황
(예) 친구가 그림 대회에서 상을 받아서 질투가 났어요.

질투 안경을 벗었을 때
(예) 친구가 열심히 연습했으니까 받은 거야! 나도 더 노력하면 돼!

짜증 나다

안녕? 나는 짜증이야.

나는 숙제가 너무 많을 때, 동생이 계속 장난칠 때 불쑥 나타나는 감정이야!

나를 만나면 몸이 뻣뻣해지고 얼굴이 찡그려질 수도 있어.

마음이 답답하고 한숨이 푹 나오거나 소리를 지르고 싶을지도 몰라.

나는 네 마음이 힘들거나 불편하다는 신호야.

조용히 책을 읽고 싶은데, 동생이 계속 장난을 쳐! 그만하라고 해도 멈추지 않으니까 점점 짜증이 나.

이렇게 표현해 봐요

♥ "게임에서 계속 지기만 해서 너무 짜증이 나."

♥ "정말 짜증 나! 좋아하는 놀이를 하면서 기분 전환을 해야겠어!"

감정 일기를 써 봐요

◯ 월 ◯ 일 ◯ 요일

☺ 오늘의 감정 날씨
짜증 나다

1. 내가 가장 짜증 났던 순간은 언제였나요?

   ----

2. 짜증이 났지만 참았던 적이 있나요? 결과는 어땠나요?

   ----

3. 다른 사람이 짜증 내는 모습을 본 적이 있나요? 그때 내 기분은 어땠나요?

감정 놀이를 해 봐요

✏ 나를 짜증 나게 만드는 일과 짜증 난 기분을 푸는 방법을 써 보세요.

짜증 나게 만드는 일	짜증 난 기분을 푸는 방법
(예) 숙제가 너무 많아서 짜증이 난다.	(예) 1. 숙제를 나눠서 하기 2. 중간에 음악 들으며 쉬기

화나다

안녕? 나는 화남이야.
싫은 일을 겪거나 누군가 네 마음을 속상하게 할 때 나를 만날 수 있어.
그러면 마음이 부글부글, 가슴이 답답하고 얼굴이 뜨거워지거나
소리를 크게 지르고 싶을 수 있어.

이렇게 표현해 봐요

♥ "화나고 속상해서 마음이 꽉 막힌 것 같아."

♥ "너무 화가 나지만 소리 지르면 친구와 더 크게 싸울지 몰라. 숨을 깊이 쉬어 보자."

 **감정 일기를 써 봐요**

○월 ○일 ○요일

☺ 오늘의 감정 날씨
화나다

1. 내가 가장 화났던 상황은 언제였나요?

_____

_____

2. 그때 어떤 일이 있었고, 나는 어떻게 행동했나요?

_____

_____

3. 앞으로 화가 날 때 어떻게 행동하면 좋을까요?

_____

_____

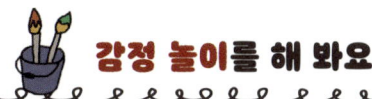 **감정 놀이를 해 봐요**

✏️ 나만의 '화 조절 리모컨'에 화를 내릴 수 있는 방법을 써 보세요.

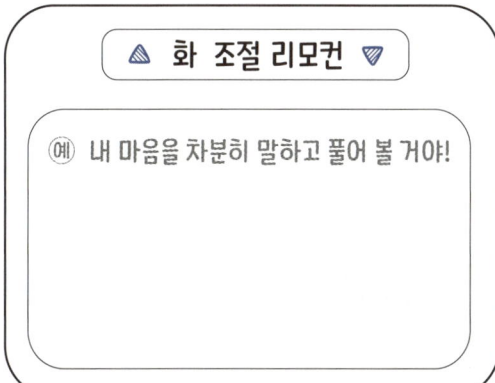

▲ 화 조절 리모컨 ▽

㈜ 내 마음을 차분히 말하고 풀어 볼 거야!

▲ 화 조절 리모컨 ▽

5장

✦ 감정이 뒤죽박죽 복잡하고 미묘해!

여러 감정이 섞여서 나타날 때가 있어요.
이럴 땐 마음이 복잡하고,
뭐라고 말해야 할지 헷갈리기도 해요.
이런 복잡한 감정들도 내 마음의
중요한 신호니까, 솔직하게 느끼고
표현하는 연습이 필요해요.

 # 감동하다+행복하다

안녕? 우리는 감동과 행복이야.
소중한 순간이 찾아오면 우리를 함께 만나게 될 거야.
가족과 함께 여행을 다녀오거나,
친구들과 특별한 추억을 만들 때처럼 말이야.
이런 순간에는 눈물이 맺히면서도 웃음이 나고, 마음이 따뜻하게 빛나.

학교 대표로 그림 그리기 대회에 나가는 날, 친구들이 응원 쪽지를 전해 주었어. 친구들이 응원해 주니까 감동적이고 행복해. 그림도 즐겁게 그릴 수 있을 것 같아.

이렇게 표현해 봐요

♥ "감동과 행복은 나눌수록 커지는 마음의 선물이야."

♥ "나를 생각해 주는 좋은 사람들 덕분에 감동받았어. 정말 행복해!"

감정 일기를 써 봐요

◯월 ◯일 ◯요일

☺ 오늘의 감정 날씨
감동하다+행복하다

1. 감동스럽고 행복했던 적이 있나요? 전학 간 친구를 오랜만에 만난 경험, 친구나 가족에게 깜짝 선물을 받은 경험, 내 마음을 움직인 공연이나 영화를 본 경험 등을 떠올려 보세요.

----

2. 그때 내 마음은 어땠고, 어떻게 행동했나요?

감정 놀이를 해 봐요

✏ 감동스럽고 행복한 감정을 표현하는 이모티콘을 그려 보세요.

감사하다 + 미안하다

안녕? 우리는 감사와 미안이야.
우리는 자주 함께 다녀. 누군가의 도움을 받으면 감사한 마음이 들면서도
'나 때문에 번거로웠겠지?'라는 생각이 들어 미안한 마음이 들기도 하거든.
하지만 걱정하지 마!
감사한 마음과 미안한 마음을 솔직하게 전하면 되니까.

학원에서 늦게 끝나서 집에 가는 길이 걱정됐는데, 아빠가 학원 앞에서 기다리고 계셨어. 정말 고맙지만, 늦게까지 기다리게 해서 미안한 마음도 들었어.

 이렇게 표현해 봐요

♥ "감사하면서 미안한 마음을 솔직하게 표현해야지."

♥ "나를 도와줘서 고맙고 미안해. 내가 도울 일이 있으면 꼭 말해 줘!"

감정 일기를 써 봐요

◯ 월 ◯ 일 ◯ 요일

☺ 오늘의 감정 날씨
감사하다+미안하다

1. 감사하면서도 미안한 감정을 느낀 적이 있나요? 실수했는데도 누군가 이해해 주었던 경험, 뜻밖에 도움을 받았던 경험 등을 떠올려 보세요.

   ----

2. 그때 내 마음은 어땠고, 어떻게 행동했나요?

감정 놀이를 해 봐요

✏ 아래 상황에서 감사함과 미안함 중 어떤 감정을 더 크게 느꼈는지 표시하고, 그렇게 느낀 이유를 써 보세요.

상황	감사함	미안함	이유
친구가 숙제를 도와줬어요.	V		(예) 친구 덕분에 문제를 해결할 수 있었기 때문에
엄마가 싸 준 도시락을 보고 투덜거렸어요.			
친구는 나에게 간식을 줬는데, 나는 줄 게 없었어요.			

 # 기대하다+실망하다

안녕? 우리는 기대와 실망이야.
우리는 종종 함께 나타나.
생일 선물로 갖고 싶던 장난감을 받을 것을 기대했는데,
포장을 뜯어보니 예상과 다른 선물이라 실망했던 적이 한 번쯤 있지?
기대가 클수록 원하는 대로 되지 않았을 때 실망도 따라오거든.

이렇게 표현해 봐요

♥ "기대했는데 내 생각과 달라서 실망했어."

♥ "실망하지 말고 무엇이 부족했는지 돌아봐야지. 다음에는 더 잘할 수 있을 거야."

 **감정 일기를 써 봐요**

○월 ○일 ○요일

😊 오늘의 감정 날씨
기대하다+실망하다

1. 기대했지만 결과가 달라서 실망했던 적이 있나요?

_____

_____

_____

2. 그때 내 마음은 어땠고, 어떻게 행동했나요?

_____

_____

_____

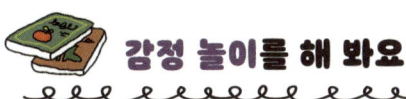 **감정 놀이를 해 봐요**

✏️ 위에서 일기로 쓴 경험을 떠올려 보고, 실망을 긍정으로 바꿀 방법을 써 보세요.

실망을 긍정으로 바꾸기
(예) 놀이공원으로 소풍 간다고 기대했는데, 비가 와서 학교에 있었어. 하지만 친구들과 보드게임을 해서 재미있었어!

기쁘다 + 긴장하다

안녕? 우리는 기쁨과 긴장이야.
기분이 좋으면서도 가슴이 콩닥콩닥 뛰고 손에 땀이 난 적 있지?
선생님께 상을 받을 때, 발표할 때처럼 말이야.
우리는 좋은 일이 생길 것 같아 기대되지만
잘 해내고 싶어 떨리고, 실수할까 봐 걱정되는 마음이야.

이렇게 표현해 봐요

♥ "기대하던 일이라 기쁘지만 생각할수록 긴장돼!"

♥ "실수해도 괜찮아. 긴장을 풀고 이 순간을 즐기자!"

감정 일기를 써 봐요

◯ 월 ◯ 일 ◯ 요일

😊 오늘의 감정 날씨
기쁘다+긴장하다

1. 기쁘면서도 긴장했던 경험이 있나요? 오래 기다리던 좋은 소식을 듣기 직전, 누군가에게 마음을 고백하거나 중요한 말을 전했던 때처럼요. 나의 경험을 떠올려 보세요.

----

2. 그때 내 마음은 어땠고, 어떻게 행동했나요?

감정 놀이를 해 봐요

✏️ 기쁘면서도 긴장했던 순간을 떠올려 보고, 그때의 나에게 해 주고 싶은 말을 써 보세요.

(예) 나는 충분히 연습했어!
실수해도 괜찮아.
이 순간을 즐기면 돼!

당황하다 + 기쁘다

안녕? 우리는 당황과 기쁨이야.
아무런 예상도 못 했는데 깜짝 놀랄 일이 생길 때 우리를 만날 수 있어.
우연히 반가운 사람을 만나거나, 기대하지 않았던 깜짝 선물을 받을 때처럼 말이야.
우리를 만나면 '무슨 일이지?'라며 머리가 하얘졌다가,
동시에 기분이 좋아져 입꼬리가 스르르 올라갈 거야.

😊 이렇게 표현해 봐요

♥ "우아! 생각도 못한 일이라 당황했지만 기분이 좋아. 고마워!"

♥ "조금 당황했지만 기뻐! 이 마음을 일기로 남기고 싶어."

감정 일기를 써 봐요

◯ 월 ◯ 일 ◯ 요일

☺ 오늘의 감정 날씨
당황하다+기쁘다

1. 당황했지만 기뻤던 경험이 있나요?

----

2. 그때 내 마음은 어땠고, 어떻게 행동했나요?

감정 놀이를 해 봐요

✏ 당황했을 때의 내 표정과 기쁠 때의 내 표정을 거울 속에 그려 보세요.

당황했을 때의
내 표정

기쁠 때의
내 표정

설레다+걱정하다

안녕? 우리는 설렘과 걱정이야.
마음이 몽글몽글 설레면서 한편으로는 걱정이 스르르 스며드는 순간들이 있지?
'어떤 일이 일어날까? 분명 재미있을 거야!' 하고 두근두근하면서도
'만약 실수하면 어떡하지? 잘할 수 있을까?' 하는 생각이 함께 들 때 말이야.
바로 우리를 함께 만났을 때야.

이렇게 표현해 봐요

♥ "마음이 설레면서도 걱정돼서 잠이 안 와!"

♥ "나는 잘할 수 있어. 걱정하지 말고 설레는 이 순간을 즐기자!"

감정 일기를 써 봐요

◯ 월 ◯ 일 ◯ 요일

😊 오늘의 감정 날씨
설레다+걱정하다

1. 설레지만 걱정했던 적이 있나요? 소풍이나 여행을 가기 전날을 떠올려 보세요.

_____

_____

_____

2. 설레면서 걱정될 때, 마음을 차분하게 하는 나만의 방법이 있나요?

_____

_____

_____

감정 놀이를 해 봐요

✏️ 위에서 일기로 쓴 경험을 떠올려 보고, '설렘과 걱정 저울'의 균형을 맞추는 법을 써 보세요.

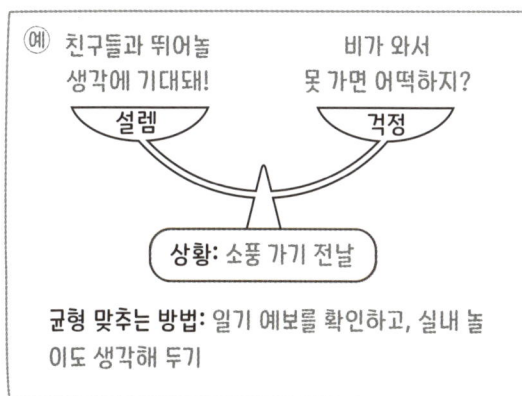

(예) 친구들과 뛰어놀 생각에 기대돼! / 비가 와서 못 가면 어떡하지?
설렘 / 걱정
상황: 소풍 가기 전날
균형 맞추는 방법: 일기 예보를 확인하고, 실내 놀이도 생각해 두기

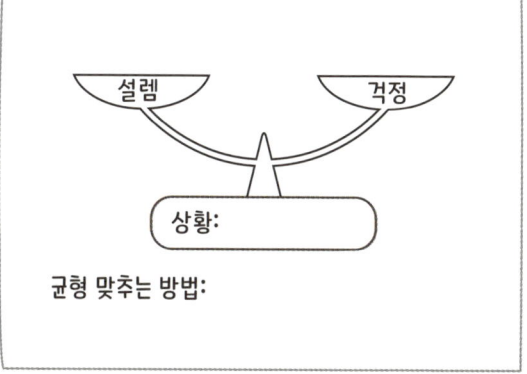

설렘 / 걱정
상황:
균형 맞추는 방법:

 # 자랑스럽다+부끄럽다

안녕? 우리는 자랑스러움과 부끄러움이야.
열심히 노력했을 때 칭찬을 받으면 기분이 좋아지지?
미술 시간에 그린 그림이 복도에 걸렸을 때처럼 말이야.
그럴 때면 스스로가 자랑스럽지만
'친구들이 모두 내 그림을 보고 있어.'라는 생각에
부끄러울 수도 있어. 우리는 잘 떨어지지 않는 친구거든!

선생님이 내 작품을 복도 게시판에 붙여 두셨어! 자랑스럽고 뿌듯하지만, 친구들이 내 그림을 보면서 이야기를 나누는 걸 들으니 조금 부끄러워.

이렇게 표현해 봐요

▼ "내가 열심히 노력한 결과야! 부끄러워하지 않고 자랑스러워해도 돼."

▼ "조금 부끄럽지만 어깨를 펴고 자신감을 가지자. 내가 자랑스러워!"

감정 일기를 써 봐요

◯월 ◯일 ◯요일

😊 오늘의 감정 날씨
자랑스럽다+부끄럽다

1. 자랑스럽지만 부끄러웠던 경험이 있나요? 누군가 나를 칭찬해 주었을 때, 친구들 앞에서 실력을 뽐낼 기회가 생겼을 때를 떠올려 보세요.

----

2. 그때 내 마음은 어땠고, 어떻게 행동했나요?

감정 놀이를 해 봐요

✏️ 자랑스러움을 더 크게 느낄 수 있도록 나에게 주는 상장을 만들어 보세요.

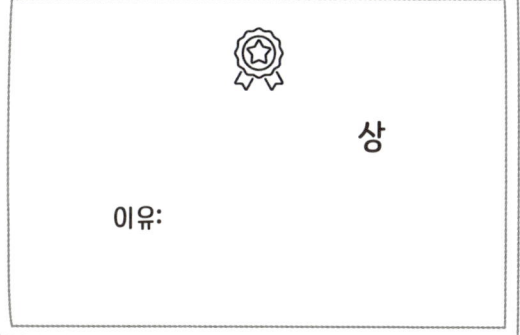

희망차다 + 두렵다

안녕? 우리는 희망과 두려움이야.
새로운 시작을 앞두고 '해낼 수 있어!'라고 생각하면서도
'혹시 실패하면 어떡하지?'라는 걱정에 망설인 적 있지?
우리는 새롭고 멋진 일이 생길 것 같아서 기대되면서도
한편으로는 살짝 무섭고 걱정되는 마음이야.

웹툰 작가가 되고 싶어서 웹툰 학원에 다니고 있어. 내 꿈에 가까워져서 희망차! 하지만 내가 잘 따라가지 못할까 봐 걱정되고 두렵기도 해.

이렇게 표현해 봐요

♥ "두려워도 희망을 갖고 천천히 적응해 보자. 나는 잘할 수 있어!"

♥ "희망차게 시작해도 모르는 게 많아 두려울 수 있어. 차근차근 배우면 괜찮아."

 **감정 일기를 써 봐요**

◯월 ◯일 ◯요일　　　　　　😊 오늘의 감정 날씨
희망차다+두렵다

1. 희망차면서도 두려웠던 적이 있나요? 새 학기를 앞뒀을 때, 새로운 도전을 시작할때 등을 떠올려 보세요.

   ----

2. 두려움 속에서도 희망을 놓지 않았던 경험이 있나요? 그때 나를 끝까지 버티게 한 것은 무엇이었나요?

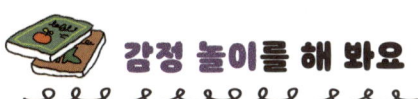 **감정 놀이를 해 봐요**

✏️ 희망과 두려움이 함께할 때 나에게 용기를 줄 '용기 쑥쑥 마법 주문'을 만들어 보세요.

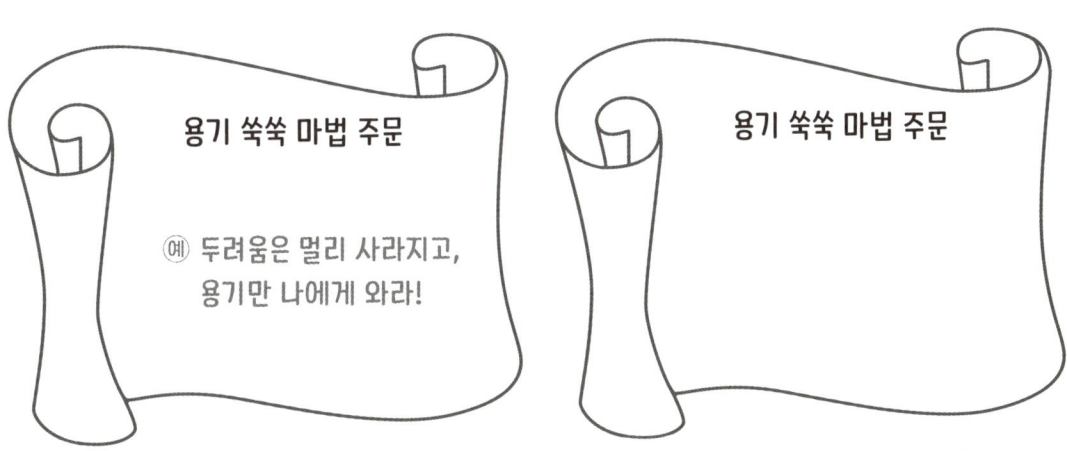

용기 쑥쑥 마법 주문

(예) 두려움은 멀리 사라지고, 용기만 나에게 와라!

용기 쑥쑥 마법 주문

감정 일기 5일 챌린지

우리 감정은 매일매일 달라져요. 기쁠 때도 있고, 속상할 때도 있죠. 어떤 감정이든 내 마음의 소중한 신호예요. 이제부터 하루에 하나씩, 글과 그림으로 나의 감정을 표현해 볼까요?

5일 동안 감정 일기를 완성하면서 '감정 탐험가'가 되어 봐요!

 감정 일기 5일 챌린지, 즐겁게 완주하는 법!

- 오늘의 감정은 색깔이나 캐릭터로 표현할 수도 있어요.
- 오늘 하루 가장 기억에 남는 일을 떠올리거나 지나간 날을 떠올리며 내 마음이 어땠는지 생각해 보는 것도 좋아요.
- 하루에 하나씩, 칭찬 도장이나 스티커를 붙여도 재미있어요!

> 기억해요!
>
> 감정에는 '좋은 감정', '나쁜 감정'이 없어요. 모든 감정은 나를 이해할 수 있게 도와주는 마음의 소리랍니다. 챌린지를 완주하지 못해도 괜찮아요. 단 하루라도 내 마음을 들여다보는 경험을 한다는 것만으로도 충분해요!

10 월 15 일 수 요일　　　　　　　　　1 일차

1. 오늘 나의 감정 날씨는 어떤가요?

   기쁘다

2. 어떤 일이 있었나요? 감정을 느꼈던 일을 떠올려 적어 보세요.

   오늘 체육 시간에 반 친구들과 달리기 시합을 했어요.
   나는 열심히 달렸고, 놀랍게도 1등을 했어요!
   친구들이 "우아, 빠르다!"라고 말해 줘서 더 기뻤어요.

3. 그때 나는 어떤 기분이었나요? 몸이나 얼굴, 마음은 어땠는지 생각해 보세요.

   달리고 나서 숨이 많이 찼고, 얼굴도 빨개졌어요.
   그런데 1등을 하니 입꼬리가 저절로 올라가서 웃음이 나왔어요.
   "나도 해낼 수 있구나!" 하는 생각이 들었어요.

4. 그때 내 표정은 어땠을까요? 그림으로 표현해 보세요.

5. 내 감정에게 하고 싶은 이야기를 써 보세요.

   기쁨아! 네 덕분에 하루가 반짝반짝했어!

◯ 월 ◯ 일 ◯ 요일　　　　　　　　　　◯ 일차

1. 오늘 나의 감정 날씨는 어떤가요?

2. 어떤 일이 있었나요? 감정을 느꼈던 일을 떠올려 적어 보세요.

3. 그때 나는 어떤 기분이었나요? 몸이나 얼굴, 마음은 어땠는지 생각해 보세요.

4. 그때 내 표정은 어땠을까요? 그림으로 표현해 보세요.

5. 내 감정에게 하고 싶은 이야기를 써 보세요.

◯ 월 ◯ 일 ◯ 요일　　　◯ 일차

1. 오늘 나의 감정 날씨는 어떤가요?

2. 어떤 일이 있었나요? 감정을 느꼈던 일을 떠올려 적어 보세요.

3. 그때 나는 어떤 기분이었나요? 몸이나 얼굴, 마음은 어땠는지 생각해 보세요.

4. 그때 내 표정은 어땠을까요? 그림으로 표현해 보세요.

5. 내 감정에게 하고 싶은 이야기를 써 보세요.

◯ 월 ◯ 일 ◯ 요일   ◯ 일차

1. 오늘 나의 감정 날씨는 어떤가요?

2. 어떤 일이 있었나요? 감정을 느꼈던 일을 떠올려 적어 보세요.

3. 그때 나는 어떤 기분이었나요? 몸이나 얼굴, 마음은 어땠는지 생각해 보세요.

4. 그때 내 표정은 어땠을까요? 그림으로 표현해 보세요.

5. 내 감정에게 하고 싶은 이야기를 써 보세요.

◯ 월 ◯ 일 ◯ 요일　　　◯ 일차

1. 오늘 나의 감정 날씨는 어떤가요?

2. 어떤 일이 있었나요? 감정을 느꼈던 일을 떠올려 적어 보세요.

3. 그때 나는 어떤 기분이었나요? 몸이나 얼굴, 마음은 어땠는지 생각해 보세요.

4. 그때 내 표정은 어땠을까요? 그림으로 표현해 보세요.

5. 내 감정에게 하고 싶은 이야기를 써 보세요.

○월 ○일 ○요일　　　　　○일차

1. 오늘 나의 감정 날씨는 어떤가요?

2. 어떤 일이 있었나요? 감정을 느꼈던 일을 떠올려 적어 보세요.

3. 그때 나는 어떤 기분이었나요? 몸이나 얼굴, 마음은 어땠는지 생각해 보세요.

4. 그때 내 표정은 어땠을까요? 그림으로 표현해 보세요.

5. 내 감정에게 하고 싶은 이야기를 써 보세요.

감정 일기 5일 챌린지 완주 기록판

감정 탐험가 배지를 색칠해서 나만의 배지를 완성해 보세요!

5일 모두 완료했나요?
축하해요! 이제 여러분은 멋진 감정 탐험가예요!

초등 첫 감정 일기

1판 1쇄 펴냄 | 2025년 10월 25일

글　　　| 올바른초등교육연구소
그　림　| 김성은
발행인　| 김병준 · 고세규
편　집　| 박준영 · 이지혜
디자인　| 김경민
마케팅　| 김유정 · 신예은 · 최은규
발행처　| 상상아카데미

등록 | 2010. 3. 11. 제313-2010-77호
주소 | 서울시 마포구 독막로6길 11, 우대빌딩 2, 3층
전화 | 02-6953-7790(편집), 02-6925-4188(영업)
팩스 | 02-6925-4182
전자우편 | main@sangsangaca.com
홈페이지 | http://sangsangaca.com

ⓒ 올바른초등교육연구소, 김성은, 2025

* 이 책은 저작권법에 의해 보호를 받는 저작물이므로
  저자와 출판사의 허락 없이 내용의 일부를 인용하거나 발췌하는 것을 금합니다.
* 책값은 뒤표지에 있습니다.
* 잘못된 책은 구입하신 서점에서 교환해 드립니다.
* KC마크는 이 제품이 공통안전기준에 적합하였음을 뜻합니다.

ISBN　979-11-93379-63-9 (73800)

Pick
Remember

핵심
문제
180
선

01 Pick Remember 180선
콘크리트 재료에 관한 지식

HANSOL2026
콘크리트기능사

□□□ 04②, 08①, 12②, 14②, 15④

01 중용열 포틀랜드 시멘트에 대한 설명으로 틀린 것은?

① 화학적 저항성이 크다.
② 한중콘크리트 시공에 적합하다.
③ 수화열이 낮아 단면이 큰 콘크리트에 적합하다.
④ 조기 강도는 작고 장기 강도가 크다.

| 해답 | ②
수화열과 건조 수축이 적어 서중콘크리트에 적합하다.

□□□ 01③, 06②, 16②

02 시멘트의 분말도에 관한 설명으로 옳은 것은?

① 분말도가 높을수록 조기강도가 작다.
② 분말도 시험방법은 오토클레이브 시험법과 침수법이 있다.
③ 분말도가 높을수록 수축률이 커지기 쉽고 콘크리트에 균열이 발생할 가능성이 많다.
④ 분말도가 높은 시멘트는 수화작용이 느리며 풍화하기 쉽다.

| 해답 | ③
- 분말도가 높으면 조기강도가 크다.
- 분말도는 블레인 공기투과장치를 사용해서 구한다.
- 분말도가 높으면 수화작용이 빨라 풍화하기 쉽다.
- 분말도가 높을수록 건조수축이 커서 균열이 생기기 쉽다.

□□□ 01③, 11⑤, 16③
03 포틀랜드 시멘트의 종류에 포함되지 않는 것은?

① 보통포틀랜드 시멘트
② 조강포틀랜드 시멘트
③ 백색포틀랜드 시멘트
④ 포틀랜드 포졸란 시멘트

| 해답 | ④
혼합시멘트의 종류
고로 슬래그 시멘트, 플라이 애시 시멘트, 포틀랜드 포졸란 시멘트

□□□ 01③, 11⑤, 14③
04 일반적으로 가장 많이 사용되는 시멘트는?

① 보통포틀랜드 시멘트
② 조강포틀랜드 시멘트
③ 백색포틀랜드 시멘트
④ 저열포틀랜드 시멘트

| 해답 | ①
보통 포틀랜드 시멘트는 원료를 얻기 쉽고, 제조 공정도 간단하며 성질도 좋으므로 가장 많이 사용한다.

□□□ 01③④, 03①, 05②, 06②⑤, 08①, 13①, 10②, 14①
05 분말도가 큰 시멘트의 성질에 대한 설명으로 틀린 것은?

① 물과 혼합시 접촉 표면적이 커서 수화작용이 빠르다.
② 풍화하기 쉽고 건조수축이 커져서 균열이 발생하기 쉽다.
③ 블리딩이 적고 워커블한 콘크리트가 얻어진다.
④ 색이 어둡게 되며 비중이 커진다.

| 해답 | ④
분말도가 큰 시멘트는 비중이 작고 풍화하기 쉽다.

□□□ 03①, 06⑤, 07②, 10①, 11③, 14②, 15②, 16③
06 혼합 시멘트의 종류에 포함되지 않는 것은?

① 고로 슬래그 시멘트
② 팽창성 수경시멘트
③ 플라이 애시 시멘트
④ 포틀랜드 포졸란 시멘트

|해답| ②
혼합시멘트의 종류
고로 슬래그 시멘트, 플라이 애시 시멘트, 포틀랜드 포졸란 시멘트

□□□ 10④, 11①④, 12②, 14①
07 다음 중 특수 시멘트에 속하는 것은?

① 내황산염포틀랜드시멘트
② 백색포틀랜드시멘트
③ 실리카시멘트
④ 팽창시멘트

|해답| ④
- 특수 시멘트 : 알루미나, 팽창, 초조강, 초속경 시멘트
- 포틀랜드 시멘트 : 보통, 중용열, 조강, 저열, 내황산염, 백색 포틀랜드 시멘트

□□□ 03①, 06②, 10①, 13③, 14①
08 알루미나 시멘트의 특징으로 틀린 것은?

① 발열량이 적다.
② 초조강성을 갖는다.
③ 해수에 대한 화학적 저항성이 크다.
④ 내화학성 콘크리트용 시멘트로 적합하다.

|해답| ①
발열량이 크기 때문에 긴급을 요하는 공사나 한중 공사의 시공에 적합하다.

☐☐☐ 11③, 15②, 16②

09 포틀랜드 시멘트 제조방법 중 옳지 않은 것은?

① 건식법 ② 반건식법
③ 습식법 ④ 수중법

| 해답 | ④
시멘트의 제조방식에는 원료의 섞기 방법에 따라 건식법, 습식법, 반건식법이 있다.

☐☐☐ 01④, 03②, 06①, 08③, 15①

10 시멘트의 제조 과정에서 응결지연제로 석고를 클링커 질량의 약 몇 % 정도 넣고 분쇄하는가?

① 3%   ② 6%
③ 10% ④ 16%

| 해답 | ①
시멘트의 응결시간을 조절하기 위하여 응결 지연제로 석고를 3% 정도 첨가한다.

☐☐☐ 07⑤, 10③, 14③, 15④, 16①

11 시멘트의 분말도에 대한 설명으로 틀린 것은?

① 시멘트의 분말도가 높으면 조기강도가 작아진다.
② 시멘트의 입자가 가늘수록 분말도가 높다.
③ 분말도란 시멘트 입자의 고운 정도를 나타낸다.
④ 분말도가 높으면 시멘트의 표면적이 커서 수화작용이 빠르다.

| 해답 | ①
분말도가 높으면 조기강도는 크나 수화작용이 빨라 풍화하기 쉽고, 풍화가 크면 건조수축이 커서 균열이 발생된다.

□□□ 03①, 06②, 09①, 14②

12 시멘트는 저장 중에 공기와 닿으면 수화작용을 일으킨다. 이때 생긴 수산화칼슘[$Ca(OH)_2$]이 공기 중의 이산화탄소(CO_2)와 작용하여 탄산칼슘($CaCO_3$)과 물이 생기게 되는데 이러한 작용을 무엇이라 하는가?

① 응결작용　　　　　　　② 산화작용
③ 풍화작용　　　　　　　④ 탄화작용

| 해답 | ③
이를 시멘트의 풍화작용이라 하며, 풍화되면 비중이 작아지고 응결이 늦어진다.

□□□ 03②, 04②, 06①, 08②, 09②, 10②, 16②

13 시멘트의 응결에 관한 설명 중 옳지 않은 것은?

① 습도가 낮으면 응결이 빨라진다.
② 풍화되었을 경우 응결이 빨라진다.
③ 온도가 높을수록 응결이 빨라진다.
④ 분말도가 크면 응결이 빨라진다.

| 해답 | ②
시멘트가 풍화되었을 경우 응결이 지연된다.

□□□ 04②, 07②, 09①②, 15①②

14 1g의 시멘트가 가지고 있는 전체입자의 표면적의 합계를 무엇이라 하는가?

① 비표면적　　　　　　　② 총표면적
③ 단위표면적　　　　　　④ 표면적

| 해답 | ①
분말도는 비표면적으로 나타내며, 1g의 시멘트가 가지고 있는 전체 입자의 총 표면적을 비표면적(cm^2/g)이라 한다.

☐☐☐ 02⑤, 05①, 10③, 11①③, 15②, 16②

15 굵은 골재의 최대 치수에 대한 설명으로 틀린 것은?

① 거푸집 양 측면 사이의 최소 거리의 1/5을 초과하지 않아야 한다.
② 슬래브 두께의 2/3를 초과하지 않아야 한다.
③ 일반적인 구조물인 경우 20mm 또는 25mm를 표준으로 한다.
④ 단면이 큰 구조물인 경우 40mm를 표준으로 한다.

| 해답 | ②

■ 굵은골재의 최대치수

콘크리트의 종류		굵은골재의 최대치수
무근 콘크리트		• 40mm • 부재 최소 치수의 1/4 이하
철근 콘크리트	일반적인 경우	20mm 또는 25mm
	단면이 큰 경우	40mm

• 부재 최소 치수의 1/5 이하
• 피복 두께, 철근 순간격의 3/4 이하

■ 굵은골재의 공칭 최대치수는 다음 값을 초과하지 않아야 한다.
• 슬래브 두께의 1/3
• 거푸집 양 측면 사이의 최소거리의 1/5
• 개별 철근, 다발철근, 긴장재 또는 덕트 사이의 최소순간격의 3/4
∴ 슬래브 두께의 1/3를 초과하지 않아야 한다.

☐☐☐ 03②, 04②, 06①, 08②, 09②, 13②, 11③, 14①, 16③

16 시멘트가 풍화했을 때의 현상으로 잘못된 것은?

① 비중이 작아진다.　　② 응결이 늦어진다.
③ 강도의 발현이 저하된다.　　④ 강열 감량이 작아진다.

| 해답 | ④

풍화된 시멘트의 특징
• 비중이 작아진다.　　• 강도가 감소된다.
• 강열감량이 증가한다.　　• 응결 경화가 늦어진다.

□□□ 05①, 10①, 11③, 15①
17 시멘트가 굳어 가는 도중에 부피가 팽창하는 정도를 무엇이라 하는가?

① 수화 ② 응결
③ 풍화 ④ 안정성

| 해답 | ④
안정성
시멘트가 굳는 도중에 부피 팽창을 일으켜 균열이 생기거나 뒤틀림 등의 변형을 일으키지 않는 성질

□□□ 02①, 03①, 04①, 05①, 09②, 16①
18 아래의 표에서 설명하는 골재의 함수상태는?

골재의 표면수는 없고 골재알 속의 빈틈이 물로 차있는 상태

① 절대건조상태 ② 공기 중 건조상태
③ 표면건조 포화상태 ④ 습윤상태

| 해답 | ③
표면건조포화상태
골재 알 속의 빈틈이 물로 차 있고 표면에 물기가 없는 상태이다.

□□□ 03②, 08①, 16①
19 혼화재 중 용광로에서 나오는 슬래그를 급냉시켜 만든 가루는?

① 포졸라나(pozzolana) ② 플라이애시(fly ash)
③ 고로슬래그 미분말 ④ AE제

| 해답 | ③
고로 슬래그 미분말 : 용광로에서 나오는 슬래그를 급랭시켜 만든 가루이다.

☐☐☐ 02⑤, 05①, 10③, 11①③, 15②, 16②③

20 철근콘크리트에서 구조물의 단면이 큰 경우 굵은 골재의 최대치수는 다음 중 어느 것을 표준으로 하는가?

① 25mm
② 40mm
③ 50mm
④ 100mm

| 해답 | ②

굵은골재의 최대치수

종류		굵은골재의 최대치수	
철근 콘크리트	일반적인 경우	20mm 또는 25mm	• 부재 최소 치수의 1/5 이하
	단면이 큰 경우	40mm	• 피복 두께, 철근 순간격의 3/4 이하

☐☐☐ 03①⑤, 04①, 06②⑤, 08①, 10①, 11③, 12②, 13①, 14②③, 15②

21 콘크리트에 사용되는 굵은골재 및 잔골재를 구분하는데 기준이 되는 체의 호칭수는?

① 5mm
② 10mm
③ 2.5mm
④ 1.2mm

| 해답 | ①

5mm체에 통과하는 골재는 잔골재, 5mm체에 남는 골재는 굵은골재

☐☐☐ 04①, 06②, 07⑤, 10⑤, 14①③, 15①

22 골재의 공극률이 17%인 경우 실적률은 얼마인가?

① 3.4%
② 83%
③ 96.6%
④ 99.8%

| 해답 | ②

실적률 = 100 − 공극률(%) = 100 − 17 = 83%

□□□ 01④, 04②, 06①, 10②, 11①, 14③, 15④
23 굵은 골재의 최대치수는 질량비로 몇 % 이상을 통과시키는 체 중에서 최소 치수인 체의 호칭치수로 나타낸 것인가?

① 60% 이상 ② 70% 이상
③ 80% 이상 ④ 90% 이상

| 해답 | ④
굵은골재의 최대치수는 질량비로 90% 이상을 통과시키는 체 중에서 최소치수의 체눈을 호칭치수로 나타낸다.

□□□ 03①, 08②, 13①, 15①, 16②
24 경량골재는 크게 인공경량골재와 천연경량골재로 나눌 수 있다. 다음 중 인공경량골재에 포함되지 않는 것은?

① 팽창성 혈암 ② 팽창성 점토
③ 플라이 애시 ④ 경석화산자갈

| 해답 | ④
경량골재의 주원료
- 천연 경량 골재 : 화산암, 응회암
- 인공 경량 골재 : 팽창성 혈암, 팽창성 점토, 플라이 애시

□□□ 02①, 10③, 15②, 16②
25 골재를 함수상태에 따라 분류할 때 골재입자의 내부에 물이 채워져 있고, 표면에도 물이 부착되어 있는 상태는?

① 습윤상태 ② 표면건조 포화상태
③ 공기중 건조상태 ④ 절대건조상태

| 해답 | ①
습윤상태=표면건조포화상태+표면수

□□□ 03②, 07②, 14③

26 빈틈률이 작은 골재를 사용한 콘크리트에 대한 설명으로 틀린 것은?

① 시멘트풀의 양이 적게 들어 수화열이 적어진다.
② 건조수축이 작아진다.
③ 콘크리트의 수밀성 및 닳음 저항성이 작아진다.
④ 콘크리트의 강도와 내구성이 커진다.

| 해답 | ③
빈틈률이 작은 골재는 실적률이 좋아 수밀성 및 마멸 저항성이 큰 콘크리트를 얻을 수 있다.

□□□ 01③④, 02⑤, 06①, 09⑤, 10⑤, 11③, 15②, 16②

27 콘크리트용 골재가 갖추어야 할 성질로서 틀린 것은?

① 마모에 대한 저항이 클 것
② 낱알의 크기가 차이 없이 균등할 것
③ 물리적으로 안정하고 내구성이 클 것
④ 필요한 무게를 가질 것

| 해답 | ②
대소립(大小粒)의 적당히 혼입될 것, 즉 입도가 적당할 것

□□□ 04③, 08⑤, 10②, 16①

28 실내에서 건조시킨 상태로 골재의 알 속의 일부에만 물기가 있는 상태를 무엇이라 하는가?

① 절대건조상태 ② 표면건조 포화상태
③ 습윤상태   ④ 공기 중 건조상태

| 해답 | ④
공기 중 건조상태
골재 알 속의 빈틈 일부가 물로 차 있는 상태이다.

□□□ 04⑤, 06①, 08①, 09⑤, 10②, 13②, 16①

29 잔골재의 조립률이 2.5이고 굵은골재의 조립률이 7.5일 때에 잔골재와 굵은골재를 질량비 2 : 3으로 혼합한 골재의 조립률은?

① 3.5
② 4.5
③ 5.5
④ 6.5

| 해답 | ③

$$f_a = \frac{m}{m+n}f_s + \frac{n}{m+n}f_g = \frac{2}{2+3} \times 2.5 + \frac{3}{2+3} \times 7.5 = 5.5$$

□□□ 02⑤, 03②, 05①, 08②, 09⑤, 11①, 12②, 13②, 14①, 15②

30 단위 용적질량이 1.69kg/L, 밀도가 2.60kg/L인 굵은 골재의 공극률은 얼마인가?

① 25%
② 30%
③ 35%
④ 40%

| 해답 | ③

$$공극률 = \left(1 - \frac{T}{d_D}\right) \times 100 = \left(1 - \frac{1.69}{2.60}\right) \times 100 = 35\%$$

□□□ 04②, 15②, 16②

31 골재의 입도에 대한 설명으로 틀린 것은?

① 굵고 잔 알이 섞여 있는 정도를 나타낸다.
② 체가름 시험을 하여 각 체에 남는 골재의 질량비(%)로 구한다.
③ 입도가 알맞은 골재를 사용하여 콘크리트를 만들 때 시멘트 풀의 양을 줄일 수 있다.
④ 입도가 알맞은 골재는 빈틈이 적어서 단위 용적 질량이 작아진다.

| 해답 | ④
입도가 알맞은 골재는 빈틈이 적어져 단위 용적 질량이 커진다.

☐☐☐ 03⑤, 05②, 06②, 07⑤
32 공기 중 건조 상태에서 골재의 입자가 표면 건조 포화상태로 되기까지 흡수된 물의 양을 말하는 것은?

① 유효흡수량 ② 흡수량
③ 표면수량 ④ 함수량

| 해답 | ①
- 유효흡수량 = 표면건조 포화상태 - 공기중 건조상태
- 표면수량 = 습윤상태 - 표면건조포화상태
- 함수량 = 습윤상태 - 절대 건조 상태
- 흡수량 = 표면건조 포화상태 - 절대건조 상태

☐☐☐ 02①, 03②, 08①⑤, 10①②, 16③
33 표면건조 포화상태의 잔골재 500g을 노건조시켰더니 480g이었다면 흡수율은 얼마인가?

① 4.00% ② 4.17%
③ 4.76% ④ 5.00%

| 해답 | ②
$$흡수율 = \frac{표면건조\ 포화상태 - 노건조상태}{노건조\ 상태} \times 100$$
$$= \frac{500 - 480}{480} \times 100 = 4.17\%$$

☐☐☐ 04⑤, 12①, 15①, 16②
34 일반적인 잔골재의 흡수율은 대개 어느 정도인가?

① 1 ~ 6% ② 6 ~ 12%
③ 13 ~ 18% ④ 18 ~ 23%

| 해답 | ①
골재의 흡수율(%)
- 잔골재 1 ~ 6%
- 굵은골재 0.5 ~ 4%

☐☐☐ 10①, 12①, 15②, 16③
35 다음 혼화재 중 인공산인 것은?

① 플라이애시
② 화산회
③ 규조토
④ 규산백토

> | 해답 | ①
>
> 포졸란의 종류
> • 천연산 : 화산재, 규조토, 규산백토
> • 인공산 : 플라이 애시, 고로 슬래그

☐☐☐ 11③, 15②, 16②
36 주로 잠재 수경성이 있는 혼화재는?

① 고로 슬래그 미분말
② 플라이 애시
③ 규산질 미분말
④ 팽창재

> | 해답 | ①
>
> • 주로 잠재 수정성이 있는 것 : 고로 슬래그 미분말
> • 포졸란 작용이 있는 것 : 플라이 애시
> • 굳는 과정에서 팽창을 일으키는 것 : 팽창재

☐☐☐ 04②, 06②, 10②, 15②, 16③
37 콘크리트 속에 거품을 일으켜 부재의 경량화나 단열을 위해 사용되는 혼화제는?

① 감수제
② 촉진제
③ 기포제
④ 지연제

> | 해답 | ③
>
> 기포제
> 콘크리트 속에 많은 거품을 일으켜, 부재의 경량화나 단열성을 목적으로 사용하는 혼화제

☐☐☐ 03①, 04②, 11①, 15②, 16②

38 다음 혼화재료 중에서 사용량이 시멘트 무게의 5% 정도 이상이 되어 그 자체의 부피가 콘크리트의 배합 계산에 관계되는 혼화재료는?

① 포졸란
② 응결촉진제
③ AE제
④ 발포제

| 해답 | ①

- 혼화재 : 사용량이 비교적 많아서 시멘트 중량의 5% 이상인 경우 ; 포졸란
- 혼화화제 : AE제, 감수제, 고성능 감수제, 촉진제, 급결제, 지연제, 발포제, 기포제 등

☐☐☐ 05②, 09②, 12②, 14②

39 포졸란(Pozzolan)의 종류에 해당하지 않는 것은?

① 포졸리스
② 규산백토
③ 고로슬래그
④ 규조토

| 해답 | ①

포졸란의 종류
- 천연산 : 화산재, 규조토, 규산백토
- 인공산 : 플라이 애시, 고로 슬래그

☐☐☐ 02①, 03②, 06①③, 08①, 10①, 13③, 14①, 15④, 16②

40 AE 콘크리트에서 AE제를 사용하여 이로운 점이 아닌 것은?

① 워커빌리티가 좋아진다.
② 동결융해에 대한 저항성이 커진다.
③ 동일한 물- 결합재비인 경우 콘크리트의 압축강도가 증가한다.
④ 단위수량을 감소시킬 수 있다.

| 해답 | ③

콘크리트의 강도와 철근과의 부착강도가 약간 작아진다.

□□□ 03①, 05②, 06①, 08⑤, 13②, 14③
41 콘크리트가 경화되는 도중에 부피가 늘어나게 하여 콘크리트의 건조수축에 의한 균열을 막는데 사용하는 혼화재는?

① AE제
② 플라이애시(fly-ash)
③ 팽창성 혼화재
④ 포졸란(Pozzolan)

| 해답 | ③
팽창재
콘크리트가 굳어가는 도중에 부피를 늘어나게 하여 콘크리트의 건조 수축에 의한 균열을 억제해 주는 혼화재이다.

□□□ 03②, 05②, 06⑤, 07⑤, 10⑤, 13②, 15①
42 감수제의 사용 효과 중 옳지 않은 것은?

① 시멘트 풀의 유동성을 감소시킬 수 있다.
② 워커빌리티를 좋게 할 수 있다.
③ 단위수량을 감소시킬 수 있다.
④ 압축강도를 증가시킬 수 있다.

| 해답 | ①
시멘트의 입자가 분산되어 유동성이 좋아진다.

□□□ 06⑤, 10①, 14②, 15①
43 시멘트의 수화 작용을 빠르게 하기 위해 일반적으로 염화칼슘($CaCl_2$)을 사용하는 혼화제는?

① 촉진제
② AE제
③ 급결제
④ 고성능 감수제

| 해답 | ①
촉진제
일반적으로 염화칼슘($CaCl_2$)를 사용하면 시멘트의 수화작용을 빠르게 촉진시킨다.

☐☐☐ 05②, 07⑤, 09①, 09②, 12①, 13③
44 혼화재료의 저장에 대한 설명으로 부적당한 것은?

① 혼화제는 먼지나 불순물이 혼합되지 않고 변질되지 않도록 저장한다.
② 저장이 오래된 것은 시험 후 사용여부를 결정하여야 한다.
③ 혼화재는 날리지 않도록 그 취급에 주의해야 한다.
④ 혼화재는 습기가 약간 있는 창고내에 저장한다.

| 해답 | ④
혼화재는 습기를 막을 수 있는 사일로 또는 창고 등에 종류별로 나누어 저장한다.

☐☐☐ 03①, 04②, 11①, 15②
45 혼화재료를 분류 할 때 혼화재는 사용량이 시멘트 무게의 몇 % 정도 이상이 되는 것을 혼화재라고 하는가?

① 1% 이상　　　　　　② 2% 이상
③ 3% 이상　　　　　　④ 5% 이상

| 해답 | ④
사용량이 시멘트 중량의 5% 이상으로 그 자체의 부피가 콘크리트의 배합계산 되는 혼화재

☐☐☐ 02①, 07②, 10①, 12②, 13②, 14①, 16①
46 운반거리가 먼 레미콘이나 무더운 여름철 콘크리트의 시공에 사용하는 혼화제는?

① 기포제　　　　　　② 지연제
③ 방수제　　　　　　④ 경화 촉진제

| 해답 | ②
지연제는 서중 콘크리트나 레디믹스트 콘크리트에서 시멘트의 응결시간을 늦추기 위하여 사용하는 혼화제이다.

□□□ 01③, 04⑤, 07②⑤, 11④⑤, 14①③, 15①

47 가루 석탄을 연소 시킬 때 굴뚝에서 집진기로 모은 아주 작은 입자의 재이며, 실리카질 혼화재로 입자가 둥글고 매끄럽기 때문에 콘크리트의 워커빌리티를 좋게 하고 수화열이 적으며 장기 강도를 크게 하는 것은?

① 실리카 품　　　　　② 고로 슬래그 미분말
③ 플라이 애시　　　　④ AE제

| 해답 | ③
플라이 애시(fly ash)
가루 석탄을 연료로 사용하는 발전소에서 이를 연소할 때, 굴뚝을 통해 미세한 분말 입자를 전기 집진기로 채취한 것

□□□ 02①, 07②, 10①, 13②, 14①, 16③

48 시멘트의 응결 시간을 늦추기 위하여 사용하는 혼화제로서 서중 콘크리트나 레디믹스트 콘크리트에서 운반거리가 먼 경우, 또는 연속적으로 콘크리트를 칠 때 콜드조인트가 생기지 않도록 할 경우 등에 사용되는 혼화제는?

① 감수제　　　　　　② 촉진제
③ 급결제　　　　　　④ 지연제

| 해답 | ④
지연제는 서중 콘크리트나 레디믹스트 콘크리트에서 시멘트의 응결시간을 늦추기 위하여 사용하는 혼화제이다.

□□□ 01③, 04⑤, 07②⑤, 11④⑤, 14①③, 15①

49 아래의 표에서 설명하는 혼화재료는?

화력발전소에서 미분탄을 보일러 내에서 완전히 연소했을 때 그 폐가스 중에 함유된 용융상태의 미세한 분말입자를 전기집진기로 모은 것

① 실리카 품　　　　　② 플라이 애시
③ 고로 슬래그　　　　④ AE제

| 해답 | ②
플라이 애시(fly ash)
가루 석탄을 연료로 사용하는 발전소에서 이를 연소할 때, 굴뚝을 통해 미세한 분말 입자를 전기 집진기로 채취한 것

☐☐☐ 02①, 06②, 08②, 09③, 13①, 14①, 16③

50 시멘트 입자를 분산시킴으로써 콘크리트의 소요의 워커빌리티를 얻는데 필요한 단위수량을 줄이기 위해 사용되는 혼화제는?

① 감수제 ② AE제
③ 촉진제 ④ 급결제

| 해답 | ①
감수제
시멘트의 입자를 흐트러지게 하여 단위수량을 줄이는 작용을 하여서 필요한 반죽질기를 얻는데 사용 양도 절약된다.

☐☐☐ 08①, 13③, 14①, 15④

51 콘크리트에 AE제를 혼합하는 주된 목적으로 옳은 것은?

① 콘크리트의 강도를 높인다.
② 콘크리트의 단위 중량을 높인다.
③ 철근과의 부착강도를 증가시킨다.
④ 동결융해에 대한 저항성을 높인다.

| 해답 | ④
AE제(공기연행제)
콘크리트 속에 독립된 무수히 많은 미세한 공기기포를 연행시켜 워커빌리티와 동결융해에 대한 저항성을 향상시키기 위해 사용하는 혼화제이다.

□□□ 06①, 08②, 10②, 11③, 16③
52 콘크리트에 사용하는 촉진제에 대한 설명으로 옳지 않은 것은?

① 프리플레이스트 콘크리트용 그라우트에 사용하여 부착을 좋게한 것
② 시멘트의 수화작용을 빠르게 하여 응결이 빠르므로 숏크리트에 사용한 것
③ 일반적으로 시멘트 무게의 1~2%의 염화칼슘을 사용하는 조기강도가 커지게 된 것
④ 염화칼슘을 시멘트 무게의 4% 이상 사용하면 급속히 굳어질 염려가 있고 장기강도가 작아진 것

| 해답 | ①

발포제
프리플레이스트 콘크리트용 그라우트, PC용 그라우트에 사용하면 모르터나 시멘트 풀을 팽창시켜 굵은 골재의 간극이나 PC강재의 주위에 충분히 잘 채워 부착을 좋게 한다.

02 Pick Remember 180선
콘크리트 시공에 관한 지식

HANSOL2026
콘크리트기능사

□□□ 02①, 07②, 12②, 14③, 15②, 16②

53 콘크리트의 배합에서 골재를 계량하고자 할 때 허용오차로서 옳은 것은?

① ±1%
② ±2%
③ ±3%
④ ±4%

| 해답 | ③

계량오차

재료	허용오차
시멘트	−1%, +2%
골재	±3%
물	−2%, +1%
혼화재	±2%
혼화제	±3%

□□□ 05①, 08①, 10①, 13③, 16③

54 다음 중 배치믹서(batch mixer)에 대한 설명으로 가장 적합한 것은?

① 콘크리트 재료를 1회분씩 혼합하는 기계
② 콘크리트 재료를 1회분씩 계량하는 기계
③ 콘크리트를 혼합하면서 운반하는 트럭
④ 콘크리트를 1m³씩 혼합하는 기계

| 해답 | ①
콘크리트 재료를 1회분씩 혼합하는 믹서를 배치믹서라 한다.

□□□ 09①, 10⑤, 11①, 12①, 13②

55 벨트컨베이어를 사용하여 콘크리트를 운반할 때 벨트컨베이어의 끝 부분에 조절판 및 깔때기를 설치하는 이유로 가장 적당한 것은?

① 콘크리트의 건조를 방지하기 위하여
② 콘크리트의 재료분리를 방지하기 위하여
③ 콘크리트의 반죽질기 변화를 방지하기 위하여
④ 운반거리를 단축하기 위하여

| 해답 | ②
벨트컨베이어에 조절판 및 깔때기를 설치하여 재료 분리를 막아야 한다.

□□□ 02①⑤, 03②, 04②, 05②, 07②, 08②, 13①②, 15②, 16①

56 높은 곳에서부터 콘크리트를 타설하는 경우 가장 적당한 운반기구는?

① 손수레
② 연직슈트
③ 벨트 콘베이어
④ 콘크리트 플레이서

| 해답 | ②
슈트
높은 곳에서 낮은 곳으로 미끄러져 내려갈 수 있게 만든 홈통이나 관 모양의 것으로서, 연직 슈트와 경사 슈트가 있다.

□□□ 01④, 02①⑤, 03①⑤, 07②, 09①⑤, 10②, 12①

57 콘크리트의 운반에 있어 보통 콘크리트를 펌프로 압송할 경우 굵은골재의 최대치수의 표준은 얼마인가?

① 25mm 이하
② 30mm 이하
③ 35mm 이하
④ 40mm 이하

| 해답 | ④
보통 콘크리트를 펌프로 압송할 경우 굵은 골재 최대 치수는 40mm 이하를 표준으로 하며, 슬럼프값은 130~180mm 범위가 알맞다.

□□□ 03①⑤, 04②, 05②, 08③, 09①③, 10①, 11③, 13②, 15①②
58 수송관 속의 콘크리트를 압축공기에 의하여 압력으로 보내는 것으로 주로 터널의 둘레 콘크리트 치기에 사용되는 시공장비는?

① 버킷
② 벨트 컨베이어
③ 슈트
④ 콘크리트 플레이서

| 해답 | ④
콘크리트 플레이서
콘크리트 펌프와 같이 터널의 좁은 곳과 둘레 콘크리트 치기에 사용된다.

□□□ 04①②, 07②, 11③, 14①③, 15④, 16③
59 일반적인 콘크리트 타설 후 다지기에서 내부 진동기를 사용할 때 내부 진동기를 찔러 넣는 간격은 어느 정도로 하는 것이 좋은가?

① 0.50m 이하
② 0.80m 이하
③ 1m 이하
④ 1.30m 이하

| 해답 | ①
내부진동기는 간격 0.5m 이하로 아래층으로 깊이 0.10m 정도 찔러 넣어야 한다.

□□□ 03①②, 04①②, 07②, 11③, 14①, 15②, 16③
60 내부진동기를 사용하여 진동다짐을 할 때 진동기를 아래층의 콘크리트 속에 어느 정도 들어가게 하는가?

① 0.10m
② 0.20m
③ 0.30m
④ 0.40m

| 해답 | ①
내부진동기는 간격 0.5m 이하로 아래층으로 깊이 0.10m 정도 찔러 넣어야 한다.

☐☐☐ 01③④, 03①⑤, 06①②⑤, 08②, 10②, 13②③, 14①②③

61 높이가 높은 콘크리트를 연속해서 타설할 경우 타설 및 다질 때 재료분리가 될 수 있는 대로 적도록 하기 위해서 타설속도는 일반적으로 30분에 얼마 정도로 하여야 하는가?

① 1.0~1.5m
② 2.0~2.5m
③ 3.0~3.5m
④ 4.0~4.5m

| 해답 | ①
콘크리트를 쳐 올라가는 속도를 너무 빨리 하면 재료의 분리가 일어나기 쉬우므로, 일반적으로 30분에 1~1.5m 정도로 한다.

☐☐☐ 03②, 04①, 15②, 16③

62 콘크리트의 운반에서 벨트 컨베이어를 사용한다면 깔때기의 높이는 최소 얼마 이상이어야 하는가?

① 40cm 이상
② 50cm 이상
③ 60cm 이상
④ 70cm 이상

| 해답 | ③
깔대기의 높이는 최소 60cm 이상이어야 한다.

☐☐☐ 05②, 06②, 10②, 11③

63 비빈 콘크리트의 운반으로 적당하지 않은 것은?

① 재료의 손실이 생기지 않아야 한다.
② 재료의 분리가 생기지 않아야 한다.
③ 슬럼프의 감소가 생기지 않아야 한다.
④ 블리딩이 많이 발생하도록 운반해야 한다.

| 해답 | ④
블리딩이 발생하지 않도록 운반해야 한다.

□□□ 02①, 03①⑤, 04②, 09③, 11③, 12②, 13①, 14②, 15①②

64 콘크리트 타설 시 버킷, 호퍼 등의 배출구로부터 콘크리트의 타설면까지의 높이는 얼마 이내를 원칙으로 하는가?

① 1.0m 이내
② 1.5m 이내
③ 2.0m 이내
④ 2.5m 이내

| 해답 | ②
연직 슈트, 깔때기 등을 사용하며, 이 때 슈트, 깔때기 등의 배출구와 치기 면과의 높이는 1.5m 이하로 한다.

□□□ 03②, 04①⑤, 06①, 08①, 09②, 10②, 15②

65 콘크리트를 타설한 후 일정 기간까지 굳기에 필요한 온도, 습도를 주고, 해로운 작용을 받지 않도록 해야 한다. 이러한 작업을 무엇이라 하는가?

① 배합
② 양생
③ 다지기
④ 시공이음

| 해답 | ②
이러한 작업을 콘크리트 양생이라 한다.

□□□ 04⑤, 05①, 06①, 08①, 10③, 12②, 14③

66 수송관을 통하여 압력으로 비빈 콘크리트를 치기 할 장소까지 연속적으로 보내는 기계는?

① 콘크리트 펌프(concrete pump)
② 트럭믹서(truck mixer)
③ 콘크리트 슈트(concrete shut)
④ 콘크리트 믹서(concrete mixer)

| 해답 | ①
콘크리트 펌프
수송관을 통하여 압력으로 비빈 콘크리트를 치기할 장소까지 연속적으로 보내는 기계로 좁은 장소나 수중 콘크리트에 알맞다.

□□□ 06⑤, 09①②, 10⑤, 12②, 13④, 15④

67 일명 고온고압양생이라고 하며, 증기압 7~15기압, 온도 180℃ 정도의 고온, 고압으로 양생하는 방법은?

① 오토클레이브 양생
② 상압증기양생
③ 전기양생
④ 기압양생

| 해답 | ①

오토클레이브 양생
170~185℃, 7~15기압, 기압의 고온, 고압으로 처리하는 방법이다.

□□□ 08③, 12②, 15②, 16②③

68 다음 중 촉진 양생방법에 속하지 않는 것은?

① 오토클레이브 양생
② 막양생
③ 증기양생
④ 고주파양생

| 해답 | ②

촉진 양생의 종류
증기양생, 전기양생, 오토클레이브 양생, 고주파 양생

□□□ 07②, 10②, 12①

69 기초, 기둥, 벽 등의 측면에 있는 거푸널은 콘크리트의 압축강도가 몇 MPa 이상이 되면 해체하여도 좋은가?

① 1MPa
② 3MPa
③ 5MPa
④ 7MPa

| 해답 | ③

- 기초, 보 옆, 기둥, 벽 등의 측면 : 5MPa 이상
- 슬래브 및 보의 밑면, 아치 내면 : $\frac{2}{3}f_{ck}$ 이상, 최소 14MPa 이상

☐☐☐ 03⑤, 04⑤, 06②, 08②, 10⑤, 11③, 13②

70 콘크리트 다짐기계 중에서 비교적 두께가 얇고, 넓은 콘크리트의 표면을 고르게 다듬질할 때 사용되며, 주로 도로 포장, 활주로 포장 등의 다짐에 쓰이는 것은?

① 거푸집 진동기
② 내부 진동기
③ 롤러 진동기
④ 표면 진동기

| 해답 | ④
표면 진동기
비교적 두께가 얇고, 넓은 콘크리트의 표면에 진동을 주어 다지는 기계로서 표면을 고르게 다듬질 할 때 사용된다.

☐☐☐ 03⑤, 06⑤, 08①, 11①, 15④

71 콘크리트 습윤양생 방법의 종류가 아닌 것은?

① 수중양생
② 습포양생
③ 습사양생
④ 촉진양생

| 해답 | ④
습윤 양생의 종류
수중 양생, 습포 양생, 습사 양생, 피막 양생

☐☐☐ 01④, 03①, 11③, 12②, 14③, 16①

72 일반 수중 콘크리트의 물-결합재비의 표준은 몇 % 이하인가?

① 20%
② 30%
③ 40%
④ 50%

| 해답 | ④
물-결합재비 : 50% 이하, 단위시멘트량 : 370kg/m³ 이상

□□□ 06③, 07②, 10②, 11①, 15②

73 싣기 용량(q) 7m³, 사이클 시간(C_m) 1시간 20분, 작업효율(E) 0.9인 트럭 믹서의 1시간당 운반량은 몇 m³인가?

① 3.6m³
② 4.7m³
③ 5.2m³
④ 6.3m³

| 해답 | ②

작업량
$$Q = \frac{60 \times q \times E}{C_m} = \frac{60 \times 7 \times 0.9}{80} = 4.73 \, \text{m}^3/\text{hr}$$

□□□ 02①, 08①, 13①, 15②, 16②

74 재료에 일정하중이 작용하면 시간의 경과와 함께 변형이 증가하는데 이런 한 현상을 무엇이라 하는가?

① 포와송비
② 크리프
③ 연성
④ 취성

| 해답 | ②

크리프
재료에 오랫동안 하중이 작용하면 시간이 지남에 따라 변형이 커지는 현상을 말한다.

□□□ 02⑤, 05①, 08①, 09①⑤, 11③, 13①, 16①

75 콘크리트 시공에서 거푸집 떼어내기 방법으로 옳지 않은 것은?

① 거푸집 안쪽에 박리제를 발라서 콘크리트와 부착을 방지한다.
② 거푸집은 콘크리트가 충분한 강도를 가질 때까지 제거해서는 안 된다.
③ 수평부재 거푸집을 연직부재 거푸집보다 먼저 떼어낸다.
④ 보(beam) 양측 면의 거푸집을 바닥판보다 먼저 떼어낸다.

| 해답 | ③

연직부재의 거푸집을 수평부재의 거푸집보다 먼저 떼어낸다.

□□□ 01④, 04①, 05①, 06⑤, 07②, 08③, 09②, 10①③, 11①, 14②, 15④

76 콘크리트 비비기 시간에 대한 시험을 실시하지 않은 경우 그 최소 시간의 표준으로 옳은 것은? (단, 가경식 믹서를 사용하는 경우)

① 30초 이상
② 1분 이상
③ 1분 30초 이상
④ 2분 이상

| 해답 | ③

믹서 시간의 표준

믹서 종류	믹서 시간
중력식(가경식)	1분 30초
강제식	1분 이상

□□□ 02⑤, 03①, 06②, 07②, 14①

77 콘크리트 표면에 불투수성 재료를 바르거나 뿜어 붙이는 양생법은?

① 습윤 양생
② 가압 양생
③ 피막 양생
④ 증기 양생

| 해답 | ③

피막 양생
콘크리트의 표면에 아스팔트 유제나 비닐유제 등으로 불투수층을 만들어 수분의 증발을 막는 양생방법

□□□ 06①, 07②, 09②⑤, 11③, 14①, 15①

78 수밀콘크리트의 물-결합재비는 몇 % 이하를 표준으로 하는가?

① 30% 이하
② 40% 이하
③ 50% 이하
④ 60% 이하

| 해답 | ③

물-결합재비는 50% 이하를 표준으로 한다.

☐☐☐ 10①, 13②, 16①

79 콘크리트 제조 기계로서 날개가 달린 비빔통을 회전시켜서 내부의 재료를 비비는 콘크리트 믹서를 무엇이라 하는가?

① 강제식 믹서
② 중력식 믹서
③ 강제 교반식 믹서
④ 혼합형 믹서

| 해답 | ②
- 중력식 믹서 : 비빔통 속에 날개가 달린 비빔통을 회전시켜서 내부의 재료를 비비는 믹서
- 강제식 믹서 : 비빔통 속에 달린 날개를 회전시켜서 콘크리트를 비비는 믹서로 주로 콘크리트 플랜트에 사용

☐☐☐ 03⑤, 09①, 13①, 15①

80 일반 수중콘크리트의 단위시멘트량의 표준으로 옳은 것은?

① 300kg/m^3 이상
② 320kg/m^3 이상
③ 350kg/m^3 이상
④ 370kg/m^3 이상

| 해답 | ④
- 단위 시멘트의 양은 370kg/m^3 이상
- 물-결합재비는 50% 이하

☐☐☐ 02①, 03⑤, 05①, 06⑤, 10①, 15②, 16③

81 서중 콘크리트에서 콘크리트를 타설할 때의 콘크리트 온도는 최대 몇 ℃ 이하이어야 하는가?

① 15℃
② 20℃
③ 25℃
④ 35℃

| 해답 | ④
콘크리트를 칠 때의 최대 온도는 35℃ 이하이어야 한다.

☐☐☐ 01④, 03②, 06⑤, 08③, 09①, 12②, 14③, 15②

82 일반 수중콘크리트에 대한 설명으로 틀린 것은?

① 물– 결합재비는 50% 이하이어야 한다.
② 단위 시멘트량은 370kg/m³ 이상으로 한다.
③ 콘크리트를 흐르는 물 속에서 타설할 경우 유속이 50m/min 이하이어야 한다.
④ 콘크리트를 트레미(tremie)나 콘크리트 펌프를 사용해서 타설한다.

| 해답 | ③
정수 중에 칠 수 없을 경우에도 유속은 1초에 50mm 이하로 하여야 한다.

☐☐☐ 05①②, 06①, 08①⑤, 10⑤, 13②, 14①③

83 한중 콘크리트에 있어서 양생 중 콘크리트의 온도는 최저 몇 ℃ 이상으로 유지하는 것을 표준으로 하는가?

① 5℃
② 10℃
③ 15℃
④ 20℃

| 해답 | ①
하루의 평균기온이 4℃ 이하가 예상되는 조건일 때는 콘크리트가 동결할 염려가 있으므로 온도는 최저 몇 5℃ 이상 유지해야 한다.

☐☐☐ 01③, 04②, 12①②, 13①②, 14②

84 한중 콘크리트 시공 시 동결 온도를 낮추기 위한 방법으로 옳지 않은 것은?

① 적당한 보온장치를 한다.
② 시멘트를 가열한다.
③ 골재를 가열한다.
④ 물을 가열한다.

| 해답 | ②
온도가 높은 시멘트와 물을 접촉시키면 급결하여 콘크리트에 나쁜 영향을 줄 우려가 있으므로 시멘트를 직접 가열해서는 안된다.

□□□ 04②, 08①, 09⑤, 11①, 14②, 15①

85 콘크리트의 비비기에 대한 아래표의 설명에서 ( )에 들어갈 수치로 옳은 것은?

> 비비기 시간은 시험에 의해 정하는 것을 원칙으로 한다. 비비기는 미리 정해둔 비비기 시간의 ( )배 이상 계속하지 않는다.

① 2
② 3
③ 4
④ 5

| 해답 | ②

비비기는 미리 정해 둔 시간의 3배 이상 계속해서는 안된다.

□□□ 11③, 14①, 16③

86 프리플레이스트 콘크리트에 사용하는 굵은 골재의 최소 치수는 몇 mm 이상으로 하는가?

① 5mm
② 8mm
③ 10mm
④ 15mm

| 해답 | ④

- 굵은 골재의 최소치수는 15mm 이상
- 굵은골재의 최대치수는 부재단면 최소치수의 1/4 이하

□□□ 02①, 05①, 06⑤, 10①, 11③, 13③, 14③

87 하루 평균기온이 몇 ℃를 초과하는 것이 예상되는 경우 서중 콘크리트로 시공하여야 하는가?

① 4℃
② 15℃
③ 20℃
④ 25℃

| 해답 | ④

하루 평균기온이 25℃를 초과하는 것이 예상되는 경우 서중콘크리트로서 시공한다.

□□□ 03②, 04⑤, 06②⑤, 08②, 09⑤, 11①③, 12②, 13②, 14①③

88 외기온도가 25℃ 미만인 경우 콘크리트 비비기에서부터 타설이 끝날 때까지의 시간은 원칙적으로 얼마 이내라야 하는가?

① 30분 ② 1시간
③ 1시간 30분 ④ 2시간

| 해답 | ④

콘크리트의 타설 완료 시간

외기 온도	타설 완료시간
25℃ 이상일 때	1.5시간 이내
25℃ 미만일 때	2시간 이내

□□□ 02⑤, 04①, 13①, 15②

89 정비된 콘크리트 제조설비를 가진 공장에서 필요한 조건의 굳지 않은 콘크리트를 수시로 공급할 수 있는 것을 무엇이라 하는가?

① 프리플레이스트 콘크리트 ② 프리캐스트 콘크리트
③ 프리스트레스트 콘크리트 ④ 레디믹스트 콘크리트

| 해답 | ④
이를 레디믹스트 콘크리트라 한다.

□□□ 03②, 04①, 15④

90 포장용 콘크리트의 배합기준 중 굵은 골재의 최대치수는 몇 mm 이하이어야 하는가?

① 25mm ② 40mm
③ 100mm ④ 150mm

| 해답 | ②
포장 콘크리트 : 굵은 골재의 최대치수는 40mm 이하로 한다.

□□□ 07②, 10②, 11③, 14③, 15②, 16③

91 일평균 기온 15℃ 이상이고 보통 포틀랜드 시멘트를 사용한 콘크리트의 습윤양생 기간의 표준은 몇 일인가?

① 5일 ② 7일
③ 9일 ④ 12일

| 해답 | ①

습윤양생기간의 표준

시멘트 종류	보통 포틀랜드 시멘트	조강 포플랜드 시멘트
15℃ 이상	5일	3일

□□□ 03②, 04⑤, 06⑤, 15④

92 다음 중에서 뿜어붙이기 콘크리트의 시공에 적합하지 않은 것은?

① 콘크리트 표면공사 ② 콘크리트 보수공사
③ 터널(tunnul)공사 ④ 수중 콘크리트 공사

| 해답 | ④

뿜어 붙이기 콘크리트의 용도
터널이나 구조물의 라이닝, 비탈면의 보호, 댐, 교량의 보수, 보강 공사 등에 쓰인다.

□□□ 08①, 09②, 15②

93 레디믹스트 콘크리트의 장점이 아닌 것은?

① 균질의 콘크리트를 얻을 수 있다.
② 공사능률이 향상 되고 공기를 단축할 수 있다.
③ 콘크리트의 워커빌리트를 현장에서 즉시 조절할 수 있다.
④ 콘크리트 치기와 양생에만 전념할 수 있다.

| 해답 | ③

콘크리트의 워커빌리티를 즉시 조절하기가 곤란하다.

□□□ 11③, 12②, 15②

94 슬래브 및 보의 밑면의 경우 콘크리트 압축 강도가 몇 MPa 이상일 때 거푸집을 해체할 수 있는가? (단, 콘크리트의 설계 기준 강도는 21MPa이다)

① 7MPa 이상
② 14MPa 이상
③ 18MPa 이상
④ 21MPa 이상

| 해답 | ②

슬래브 및 보의 밑면, 아치 내면의 압축강도
$\frac{2}{3}f_{cu} = \frac{2}{3} \times 21 = 14\text{MPa} \geq 14\text{MPa}$

□□□ 01③, 04①⑤, 06①⑤, 10③, 11①, 13④, 14②③

95 콘크리트의 표면을 물에 적신 가마니, 마포 등으로 덮거나 살수하는 양생 방법을 무엇이라 하는가?

① 습윤양생
② 습사양생
③ 증기양생
④ 수중양생

| 해답 | ①

습윤양생
물을 뿌리거나 가마니, 마포, 모래 등을 적셔서 콘크리트 표면을 덮고 살수하여 양생하는 방법

□□□ 01④, 03②, 06⑤, 08③, 09①, 12①②, 13②, 14③, 16②

96 수중 콘크리트를 타설할 때는 물을 정지시킨 정수 중에서 타설하는 것이 좋으나, 완전히 물막이를 할 수 없는 경우 최대 유속이 1초간 몇 mm 이하로 하여야 하는가?

① 50mm/s 이하
② 10mm/s 이하
③ 150mm/s 이하
④ 200mm/s 이하

| 해답 | ①

수중의 물의 속도가 50mm/sec 이내일 때에 한하여 시공한다.

□□□ 01③, 05①, 06①, 08②, 09⑤, 13①, 14③

97 특정한 입도를 가진 골재를 거푸집 안에 미리 다져 넣고, 그 빈틈 사이에 유동성이 좋고, 재료 분리가 적은 모르타르를 펌프로 압력을 가하여 주입시켜 만든 콘크리트는?

① 수밀 콘크리트　　② 프리플레이스트 콘크리트
③ 한중 콘크리트　　④ 서중 콘크리트

|해답| ②
프리플레이스트 콘크리트
미리 거푸집 안에 굵은 골재를 채우고, 그 틈사이에 특수 모르타르를 주입하는 콘크리트

□□□ 04①, 05①, 13②, 14②, 16①

98 서중콘크리트의 타설에 대한 아래 표의 설명에서 ( )에 적합한 수치는?

콘크리트는 비빈 후 즉시 타설하여야 하며, KS F 2560의 지연형 감수제를 사용하는 등의 일반적인 대책을 강구한 경우라도 ( ) 시간 이내에 타설하여야 한다.

① 0.5　　② 1.0
③ 1.5　　④ 2.0

|해답| ③
콘크리트를 비벼서 쳐넣을 때까지의 시간은 1.5시간(90분)을 넘어서는 안된다.

□□□ 03②, 08③, 14②, 15②, 16②

99 비탈면의 보호, 보강을 위하여 콘크리트를 압축공기로 시공면에 뿜어 붙인 것을 무엇이라 하는가?

① AE콘크리트　　② 숏크리트
③ 폴리머 콘크리트　　④ 프리플레이스트 콘크리트

| 해답 | ②

숏크리트
모르타르를 압축 공기에 의해 뿜어 붙여서 만든 콘크리트로 비탈면의 보호, 교량의 보수 등에 쓰인다.

□□□ 10①③, 11③, 12①, 15①, 16③

100 콘크리트를 2층 이상으로 나누어 타설할 경우 이어치기 허용시간 간격의 표준으로 옳은 것은? (단, 외기온도가 25℃ 이하인 경우)

① 1.0시간
② 1.5시간
③ 2.0시간
④ 2.5시간

| 해답 | ④

허용이어치기의 시간간격의 표준

외기 온도	허용이어치기 시간간격
25℃ 초과	2.0시간 이내
25℃ 이하	2.5시간 이내

03 Pick Remember 180선
콘크리트 재료시험에 관한 지식

HANSOL2026
콘크리트기능사

□□□ 10③, 15④
101 시멘트 밀도 시험의 목적이 아닌 것은?

① 시멘트 종류를 어느 정도 추정할 수 있다.
② 시멘트 품질을 판정할 수 있다.
③ 시멘트 입자 사이의 공기량을 알 수 있다.
④ 콘크리트 배합 설계를 할 때 시멘트의 절대 용적을 구할 수 있다.

| 해답 | ③

시멘트 밀도 시험의 목적
- 시멘트의 품질을 판정할 수 있다.
- 시멘트의 종류를 어느 정도 알 수 있다.
- 콘크리트의 배합을 설계할 때 시멘트의 절대 용적을 구할 수 있다.

□□□ 11③, 14①, 16③
102 콘크리트용 골재로 사용할 굵은골재의 안정성은 황산나트륨으로 5회 시험을 하여 평가하는데, 그 손실질량은 몇 % 이하를 표준으로 하는가?

① 8%   ② 10%
③ 12% ④ 14%

| 해답 | ③

손실 질량비의 한도(황산나트륨)

손실 질량비(%)	
시험 용액 : 황산나트륨	
잔 골재	굵은 골재
10 이하	12 이하

□□□ 10②, 12①, 16③
103 콘크리트의 설계기준압축강도가 18MPa이고 압축강도시험의 기록이 없는 경우 콘크리트의 배합강도는?

① 18MPa
② 25MPa
③ 26.5MPa
④ 28MPa

| 해답 | ②
21MPa 미만일 때 :
$f_{cr} = f_{ck} + 7 = 18 + 7 = 25\,\text{MPa}$
*압축강도의 시험회수가 14회 이하이거나 기록이 없는 경우

설계기준 강도 f_{ck}(MPa)	배합강도 f_{cr}(MPa)
21MPa 미만	$f_{ck} + 7$
21MPa 이상 35MPa 이하	$f_{ck} + 8.5$
35MPa 초과	$1.1 f_{ck} + 5$

□□□ 10①, 15①
104 잔골재의 조립률 시험을 한 결과 다음 표와 같은 결과를 얻었다. 이 잔골재의 조립률(FM)은 얼마인가?

체의 호칭(mm)	체에 남는 양(%)	체의 호칭(mm)	체에 남는 양(%)
75	0	1.2	21
40	0	0.6	40
20	0	0.3	17
10	0	0.15	12
5	4	접시	0
2.5	6		

① 2.74
② 2.84
③ 2.94
④ 3.04

| 해답 | ④

체의 호칭(mm)	체에 남는양(%)	누적잔유율(%)
75	0	0
40	0	0
20	0	0
10	0	0
5	4	4
2.5	6	10
1.2	21	31
0.6	40	71
0.3	17	88
0.15	12	100
접시	0	
계	100	304

$$F.M = \frac{\sum 각\ 체에\ 남는\ 양의\ 누계}{100} = \frac{304}{100} = 3.04$$

□□□ 01③, 04①, 08①, 09①, 10③, 11③, 13②③, 14③, 15①

105 굵은 골재의 체가름 시험에서 조립률을 계산하는데 적용되는 체가 아닌 것은?

① 40mm ② 25mm
③ 20mm ④ 10mm

| 해답 | ②

조립률(F.M)
75mm, 40mm, 20mm, 10mm, 5mm, 2.5mm, 1.2mm, 0.6mm, 0.3mm, 0.15mm(10개)

☐☐☐ 08③, 12③, 14③

106 시멘트 모르타르 강도 시험에 표준모래를 사용하는 이유로서 가장 적합한 것은?

① 경제적인 모르타르를 제조하여 시험하기 위함이다.
② 표준모래는 양생이 쉽고 온도에 영향을 적게 받기 때문이다.
③ 표준모래는 품질이 좋고 강도가 크기 때문이다.
④ 모래알의 차이에 의한 영향을 없애고 시험조건을 일정하게 하기 위함이다.

| 해답 | ④
모래알의 차이에 따른 영향을 없애고, 시험조건을 일정하게 하기 위하여 표준 모래를 사용한다.

☐☐☐ 01③, 07②, 13①, 14①②, 15②

107 시멘트 밀도시험 결과 시멘트의 질량은 64g, 처음 광유 눈금을 읽은 값은 0.4mL, 시료를 넣은 후 광유 눈금을 읽은 값은 20.9mL였다. 이 시멘트의 밀도(g/cm³)는 얼마인가?

① 3.09
② 3.12
③ 3.15
④ 3.18

| 해답 | ②
$$\text{시멘트 밀도} = \frac{\text{시멘트의 무게(g)}}{\text{비중병의 눈금 차(mL)}} = \frac{64.0}{20.9 - 0.4} = 3.12 \text{g/cm}^3$$

☐☐☐ 12②, 13③, 15②

108 시멘트 비중시험에 사용되는 기구는?

① 르샤틀리에 플라스크
② 로스앤젤레스 시험기
③ 피크노미터
④ 건조로

| 해답 | ①
시멘트 비중시험은 르샤틀리에 플라스크를 사용한다.

□□□ 01④, 02⑤, 03①, 04②, 05②, 06①, 07②, 08③, 09①, 10②, 11③, 12②, 13③, 14②, 15②

109 잔골재 밀도 시험의 결과가 아래의 표와 같을 때 이 잔골재의 표면건조 포화상태의 밀도는?

> - 검정된 용량을 나타낸 눈금까지 물을 채운 플라스크의 질량(g) : 711.2
> - 표면건조 포화상태 시료의 질량(g) : 500
> - 시료와 물로 검정된 용량을 나타낸 눈금까지 채운 플라스크의 질량(g) : 1019.8
> - 시험온도에서 물의 밀도(g/cm^3) : 1

① 2.046g/cm^3
② 2.357g/cm^3
③ 2.586g/cm^3
④ 2.612g/cm^3

| 해답 | ④

$$d_s = \frac{m}{B+m-C} \times \rho_w$$
$$= \frac{500}{711.2+500-1019.8} \times 1 = 2.612\,\text{g/cm}^3$$

□□□ 01③, 04①, 05②, 08⑤, 12②, 14③

110 골재의 조립률(fineness moduls, F.M)이란?

① 굵은골재 및 잔골재의 치수를 나타내는 것을 말한다.
② 콘크리트에서 잔골재와 굵은골재의 비를 말한다.
③ 골재의 입도를 개략적으로 나타내는 방법을 말한다.
④ 골재의 유기불순물의 양을 나타내는 시험법을 말한다.

| 해답 | ③

조립률(F.M)
골재의 입도를 개략적(수치적)으로 나타내는 방법을 말한다.

□□□ 04②, 05②, 06①, 07②, 09①, 10②, 15②

111 어떤 굵은골재의 표면건조 포화상태 시료질량이 4000g이고, 물속에서의 시료질량이 2445g일 때 표면건조포화상태의 밀도는 얼마인가? (단, 시험온도에서의 물의 밀도는 $1g/cm^3$이다.)

① $1.64g/cm^3$
② $1.98g/cm^3$
③ $2.38g/cm^3$
④ $2.57g/cm^3$

{ 해답 } ④

$$D_s = \frac{\text{표건 상태 중량}}{\text{표건 상태 무게} - \text{수중무게}} \times \text{물의 밀도}$$
$$= \frac{B}{B-C} \times \rho = \frac{4000}{4000-2445} \times 1 = 2.57 g/cm^3$$

□□□ 11④, 14②, 15②

112 잔골재의 밀도 및 흡수율(KS F 2504) 시험에서 밀도 시험의 정밀도는 2회 실시하여 각각 구한 값과 평균값의 차이가 몇 g/cm^3 이하이어야 하는가?

① $0.01g/cm^3$
② $0.05g/cm^3$
③ $0.1g/cm^3$
④ $0.5g/cm^3$

{ 해답 } ①

시험값의 평균치의 차이
밀도의 경우 $0.01g/cm^3$, 흡수율의 경우 0.05% 이하이어야 한다.

□□□ 02⑤, 03⑤, 06②, 09①②, 11③, 12①②, 13①, 15④, 16①

113 골재의 마모시험에서 시료를 시험기에서 꺼내 몇 mm로 체가름을 하는가?

① 1.7mm
② 3.4mm
③ 1.25mm
④ 2.5mm

{ 해답 } ①

시료를 시험기에서 꺼내어 1.7mm체로 체가름 한다.

☐☐☐ 10①, 12②, 15②
114 잔골재 표면수 측정시험은 동일한 시료에 대하여 계속 두 번 시행하였을 때 시험값은 평균값과의 차이가 몇 % 이하이어야 하는가?

① 0.3%
② 1.0%
③ 3.0%
④ 5.0%

> |해답| ①
> 시험은 같은 시료에 대하여 계속 두 번 시험하였을 때의 차가 0.3% 이하이어야 한다.

☐☐☐ 03②③, 06⑤, 08①, 11①③, 14②, 15①②③
115 잔골재의 밀도 및 흡수율시험에 사용되는 시험기구로 옳지 않은 것은?

① 저울
② 플라스크
③ 원심분리기
④ 원뿔형 몰드

> |해답| ③
> 원심분리기 : 함수당량 시험에 사용된다.

☐☐☐ 04⑤, 06②, 10⑤, 14②, 16③
116 잔골재의 밀도 및 흡수율 시험을 하면서 시료와 물이 들어있는 플라스크를 편평한 면에 굴리는 이유로 가장 적합한 것은?

① 먼지를 제거하기 위하여
② 온도차에 의한 물의 단위무게를 고려하기 위하여
③ 공기를 제거하기 위하여
④ 플라스크 용량 검정을 위하여

> |해답| ③
> 플라스크를 편평한 면에 굴리어 뒤흔들어서 공기를 제거한다.

□□□ 04②, 06①, 11③, 12②, 13②, 15④, 16①
117 골재의 단위용적 질량시험 방법 중 충격에 의한 경우는 용기에 시료를 3층으로 나누어 채우고 각 층 마다 용기의 한 쪽을 몇 cm 정도 들어 올려서 낙하시켜야하는가?

① 20cm ② 15cm
③ 10cm ④ 5cm

| 해답 | ④
용기의 한쪽을 약 5cm 가량 들어올렸다 떨어뜨리고, 반대쪽을 5cm 정도 들어 올렸다 낙하시킨다.

□□□ 03⑤, 09⑤, 13②, 16③
118 로스엔젤레스 시험기를 사용하는 골재의 시험법은 무엇인가?

① 마모 시험 ② 안정성 시험
③ 밀도 시험 ④ 단위 무게 시험

| 해답 | ①
로스앤젤레스 시험기에 의한 마모시험은 철구를 사용하여 굵은 골재의 마모에 대한 저항을 측정하는 것이다.

□□□ 12①②, 13①, 14③
119 콘크리트용 굵은 골재 유해물의 한도 중 연한 석편은 질량 백분율로 최대 몇 % 이하이어야 하는가?

① 0.25% ② 0.5%
③ 1% ④ 5%

| 해답 | ④
굵은골재의 연한 석편 함유량 최대치 : 5% 이하

□□□ 05①, 08③, 09①②, 10⑤, 11①, 13②, 15①④
120 황산 소듐을 이용한 골재의 안정성 시험에 사용되는 시험용 포화용액은?

① 염화칼슘 ② 황산 소듐
③ 가성소다 ④ 탄닌산

|해답| ②
황산 소듐을 이용한 골재의 안정성 시험
골재의 내구성을 알기 위해서 황산소듐 포화 용액으로 골재의 부서짐 작용에 대한 저항성을 시험하는 것이다.

□□□ 02⑤, 04①, 06⑤, 09②, 14③, 15④
121 콘크리트용 잔골재에 포함되어 있는 유기 불순물 시험에 사용되는 시약으로 옳은 것은?

① 무수황산나트륨 용액 ② 염화칼슘 용액
③ 실리카 겔 ④ 수산화나트륨 용액

|해답| ④
표준색 용액 만들기
물 291g에 수산화나트륨 9g을 섞어서 3%의 수산화나트륨 용액을 만든다.

□□□ 03②, 08①, 10①, 11①
122 콘크리트용 잔골재의 유해물 함유량의 허용한도 중 점토덩어리의 허용 최대값은 질량 백분율로 몇 % 인가?

① 1% ② 2%
③ 4% ④ 5%

|해답| ①
• 잔골재의 점토덩어리의 유해물 함유량 최대치 : 1.0%
• 굵은 골재의 점토덩어리의 유해물 함유량 최대치 : 0.25%

□□□ 04①, 14③, 15④

123 황산 소듐을 이용한 골재의 안정성 시험(KS F 2507)에서 잔골재의 손실 질량 백분율은 몇 % 이하를 표준으로 하는가? (단, 일반적인 경우)

① 5% ② 10%
③ 20% ④ 25%

| 해답 | ②

손실 질량비의 한도

시험 용액	손실 질량비(%)	
	잔 골재	굵은 골재
황산 나트륨	10 이하	12 이하

□□□ 04②, 06②, 11①, 12②, 13③, 15①

124 슬럼프 시험에서 슬럼프 값은 콘크리트가 내려앉은 길이를 어느 정도의 정밀도로 측정하는가?

① 5mm ② 10mm
③ 20mm ④ 30mm

| 해답 | ①

콘크리트가 내려앉은 길이를 5mm의 정밀도로 측정한다.

□□□ 02⑤, 09③, 11③, 14③

125 슬럼프 시험에서 시료를 슬럼프 콘에 몇 층으로 나누고 각 층을 몇 회씩 다지는가?

① 2층 25회 ② 3층 25회
③ 2층 15회 ④ 3층 15회

| 해답 | ②

슬럼프 콘에 3층으로 나누어 넣고 각층을 25회 다짐대 다진다.

□□□ 01④, 04②, 06①②, 08①, 09⑤, 11①, 13①②, 15②

126 워커빌리티 판정기준이 되는 반죽질기 측정 시험 방법이 아닌 것은?

① 켈리볼 관입 시험
② 리몰딩 시험
③ 슬럼프 시험
④ 블레인 시험

|해답| ④

워커빌리티를 측정하는 시험법
슬럼프 시험, 구관입시험, 리몰딩 시험, 켈리볼 관입 시험

□□□ 13①, 15①, 16①

127 시멘트의 강도시험(KS L ISO 679)에서 모르타르를 조제할 때 시멘트와 표준모래의 질량에 의한 비율로 옳은 것은?

① 1 : 2
② 1 : 2.5
③ 1 : 3
④ 1 : 3.5

|해답| ③

모르타르 제작방법
질량에 의한 비율로 시멘트와 표준사를 1 : 3의 비율로 한다.

□□□ 03①, 08⑤, 12②, 15②

128 굳지 않은 콘크리트의 공기 함유량 시험에서 보일(Boyle)의 법칙을 이용한 시험법은?

① 밀도법
② 용적법
③ 질량법
④ 공기실 압력법

|해답| ④

공기실 압력법
워싱턴형 공기량 측정기를 사용하며 보일의 법칙을 이용한 시험법이다.

□□□ 03②⑤, 06①, 14③
129 콘크리트의 슬럼프 시험에 사용하는 다짐대의 지름은 몇 mm 인가?

① 10mm
② 13mm
③ 16mm
④ 19mm

| 해답 | ③
다짐대
지름 (16±1)mm, 길이 (600±5)mm의 둥근강이다.

□□□ 02⑤, 03⑤, 08①②, 10①, 15④
130 콘크리트 슬럼프 시험의 목적을 가장 적절하게 설명한 것은?

① 블리딩양을 측정하기 위한 시험이다.
② 반죽질기를 측정하기 위한 시험이다.
③ 공기량을 알기 위한 시험이다.
④ 피니셔빌리티를 측정하기 위한 시험이다.

| 해답 | ②
콘크리트 슬럼프 시험은 콘크리트의 반죽질기를 측정하는 수단으로 사용된다.

□□□ 05①, 08②, 14①, 15②, 16③
131 슬럼프 콘(Slump Cone)의 크기를 올바르게 나타낸 것은?
(단, 윗면 안지름×밑면의 안지름×높이, 단위는 mm)

① 100×100×200
② 100×200×300
③ 150×150×300
④ 200×200×300

| 해답 | ②
슬럼프 콘 : 윗면 안지름 (100±2)mm, 밑면의 안지름 (200±2)mm, 높이 (300±2)mm 의 금속제

□□□ 10③, 11①③, 14②
132 콘크리트의 슬럼프 시험에서 슬럼프 콘을 벗기는 시간은 몇 초 이내로 하여야 하는가?

① 2~5초 ② 5~6초
③ 8~9초 ④ 10~12초

| 해답 | ①
슬럼프 콘을 벗기는 작업은 2~5초 이내이다. (3.5±1.5초)

□□□ 09②, 10②, 14②
133 슬럼프 시험에서 슬럼프 콘에 콘크리트를 채우기 시작하고 나서 슬럼프 콘의 들어 올리기를 종료할 때까지의 시간은 몇 분 이내로 하여야 하는가?

① 3분 ② 6분
③ 8분 ④ 10분

| 해답 | ①
슬럼프 콘에 시료를 채우고 벗길 때 까지의 전작업 시간은 3분 이내로 한다.

□□□ 08③, 11①, 15①
134 기상작용에 대한 골재의 내구성을 알기위한 시험은 다음 중 어느 것인가?

① 골재의 밀도 시험
② 골재의 빈틈율 시험
③ 황산 소듐을 이용한 골재의 안정성 시험
④ 골재에 포함된 유기불순물 시험

| 해답 | ③
황산 소듐을 이용한 골재의 안정성 시험
골재의 내구성을 알기 위해서 황산나트륨 포화용액으로 골재의 부서짐 작용에 대한 저항성을 시험하는 것이다.

□□□ 01③, 04②, 06②
135 그림과 같은 슬럼프 시험에 대한 설명으로 옳은 것은?

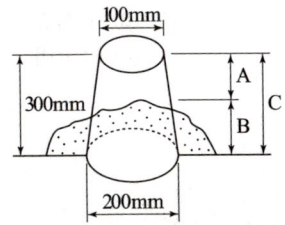

① 시료를 채우고 벗길 때까지의 전 작업시간은 3분 30초 이내로 한다.
② 반죽된 콘크리트 시료를 3층으로 나누어 넣고 각 층마다 25회 다진다.
③ 시험 후 슬럼프 값은 B이다.
④ 슬럼프 콘(cone)을 들어올릴 때에는 좌우로 크게 흔들어 주어야 한다.

> |해답| ②
> • 시료를 채우고 벗길 때까지의 전 작업시간은 3분 이내로 한다.
> • 반죽된 콘크리트 시료를 3층으로 나누어 넣고 각 층마다 25회 다진다.
> • 시험 후 슬럼프 값은 A이다.
> • 슬럼프 콘(cone)을 위로 가만히 빼어 올린다.
> • 슬럼프 콘을 벗기는 시간은 2~5초이다.

□□□ 01④, 02①, 05②, 10③, 11①③, 14①
136 콘크리트 슬럼프 시험에 대한 설명으로 옳지 않은 것은?

① 슬럼프 값은 5mm의 정밀도로 측정한다.
② 슬럼프 콘에 시료를 채우고 벗길 때 까지의 전 작업시간은 3분 이내로 한다.
③ 슬럼프 콘을 벗기는 작업은 20~30초의 시간이 필요하다.
④ 굵은 골재의 최대치수가 40mm를 넘는 콘크리트의 경우에는 40mm를 넘는 굵은 골재를 제거한다.

> |해답| ③
> 슬럼프콘을 벗기는 작업은 높이 300mm체서 2~5초 이내로 끝내야 한다.

□□□ 01③, 02①⑤, 03②⑤, 05①, 06①, 07②, 08①②, 09③, 13③, 15②

137 다음 중 공기량 측정법이 아닌 것은?

① 공기실 압력법　　② 무게법
③ 길모아침법　　　　④ 부피법

| 해답 | ③
공기량 측정법
무게(질량)법, 부피법, 공기실 압력법

□□□ 02⑤, 05②, 06①, 07②, 08①, 09①③, 10①⑤, 13①②, 15①, 16①

138 콘크리트의 겉보기 공기량이 7%이고 골재의 수정계수가 1.2%일 때 콘크리트의 공기량은 얼마인가?

① 4.6%　　② 5.8%
③ 8.2%　　④ 9.4%

| 해답 | ②
$A(\%) = A_1 - G = 7 - 1.2 = 5.8\%$

□□□ 06②, 13②, 16③

139 안지름 25cm, 높이 28cm의 용기를 사용하여 블리딩 시험을 한 결과 피펫으로 빨아낸 물의 양이 508cm³였다. 블리딩량(cm³/cm²)을 구하면?

① 0.009　　② 9.58
③ 1.03　　　④ 5.08

| 해답 | ③
$$\text{블리딩량} = \frac{V}{A} = \frac{508}{\frac{\pi \times 25^2}{4}} = 1.03 \, \text{cm}^3/\text{cm}^2 = 0.0103 \, \text{m}^3/\text{m}^2$$

□□□ 01④, 02⑤, 03①
140 굳지 않은 콘크리트의 공기함유량 시험을 할 때 굵은 골재의 최대치수가 50mm 이하인 경우 공기량 측정기의 용기의 최소용량은 얼마인가?

① 6*l*
② 9*l*
③ 12*l*
④ 15*l*

| 해답 | ①

용기의 최소 용량

굵은 골재의 최대 치수	그릇의 최소 치수
50mm 이하	6L
80mm 이하	12L

□□□ 03①, 07⑤, 08②, 10⑤, 12①
141 콘크리트의 반죽질기 여하에 따르는 작업의 난이 정도 및 재료의 분리에 저항하는 정도를 나타내는 굳지 않은 콘크리트의 성질을 무엇이라 하는가?

① 워커빌리티(workability)
② 반죽질기(consistency)
③ 성형성(plasticity)
④ 피니셔빌리티(finishability)

| 해답 | ①

이러한 성질을 워커빌리티(workability)라 한다.

□□□ 07②, 08②, 09②, 13②, 14②, 15①
142 콘크리트의 블리딩 시험에서 시험 중 온도로 가장 적당한 것은?

① 15±3℃
② 20±3℃
③ 25±2℃
④ 30±2℃

| 해답 | ②

시험하는 동안 온도 20±3℃로 유지해야 한다.

□□□ 03②, 12①, 16①

143 콘크리트 또는 모르타르가 엉키기 시작하였을 때 다시 비비는 작업을 무엇이라 하는가?

① 되비비기
② 거듭비비기
③ 믹서비비기
④ 혼합비비기

| 해답 | ①
- 이런 작업을 되비비기라 한다.
- 거듭비비기 : 비빈 후 상당히 시간이 지났거나 또 재료가 분리된 경우에는 다시 비비는 작업을 말한다.

□□□ 01④, 03②, 04②, 07②, 11③, 12①, 15①

144 AE콘크리트의 알맞은 공기량은 굵은골재의 최대치수에 따라 다르며, 보통 콘크리트 부피의 몇 %를 표준으로 하는가?

① 1~3%
② 4~7%
③ 7~12%
④ 12~17%

| 해답 | ②
AE공기량은 콘크리트 부피의 4~7% 정도일 때 워커빌리티와 내구성이 좋은 콘크리트가 된다.

□□□ 05②, 12①, 14①

145 콘크리트의 블리딩 시험을 통하여 판정할 수 있는 것은?

① 재료분리의 경향
② 응결, 경화의 시간
③ 워커빌리티의 상태
④ 시멘트의 비중

| 해답 | ①
블리딩 시험을 통해서 콘크리트의 재료 분리의 경향을 판정할 수 있다.

□□□ 03②, 13③
146 콘크리트의 블리딩 시험에서 시료의 블리딩 물의 총량이 300g이고 시료에 함유된 물의 총 질량이 150kg일 때 블리딩률은 몇 %인가?

① 0.2%
② 0.8%
③ 1.2%
④ 4.5%

| 해답 | ①

블리딩률 $= \dfrac{B}{C \times 1000} \times 100 = \dfrac{300}{150 \times 1000} \times 100 = 0.2\%$

여기서, B : 시료의 블리딩 물의 총량(mL)
　　　　C : 시료에 들어 있는 물의 총 무게(kg)

□□□ 04①, 08①, 09⑤, 10②, 14①, 14③
147 굳지 않은 콘크리트 또는 모르타르(mortar)에 있어서 골재 및 시멘트 입자의 침강으로 물이 분리하여 상승하는 현상으로 인하여 콘크리트나 모르타르의 표면에 떠올라서 가라앉은 물질을 무엇이라고 하는가?

① 워커빌리티
② 레이턴스
③ 피니셔빌리티
④ 블리딩

| 해답 | ②

레이턴스
블리딩에 의하여 콘크리트의 표면에 떠올라와 가라앉는 아주 작은 물질

□□□ 04①, 06①, 14③
148 콘크리트의 압축강도를 시험하기 전에 공시체의 지름을 최소 몇 mm까지 측정하여야 하는가?

① 0.5mm
② 0.25mm
③ 0.1mm
④ 0.01mm

| 해답 | ③

시험체의 지름을 0.1mm, 높이를 1mm까지 측정한다.

□□□ 11⑤
149 강도시험용 콘크리트 공시체의 제작에서 몰드를 떼는 시기는 콘크리트 채우기가 끝나고 나서 얼마 이내에 실시하여야 하는가?

① 4시간 이상 16시간 이내
② 16시간 이상 3일 이내
③ 3일 이상 6일 이내
④ 6일 이상 28일 이내

> | 해답 | ②
> 공시체의 양생
> • 시험체를 만든 뒤 16~72시간(3일) 안에 몰드를 떼어낸다.
> • 시험체를 20±2℃(18~22℃)에서 습윤 상태로 양생한다.

□□□ 14②, 15④
150 콘크리트 압축강도 시험에 사용되는 시험체 지름의 표준이 아닌 것은?

① 100mm
② 125mm
③ 150mm
④ 200mm

> | 해답 | ④
> 압축강도 공시체의 지름의 표준은 100mm, 125mm, 150mm이다.

□□□ 01③, 02①, 03②, 04②, 06⑤, 08②, 09②, 10①, 15②
151 콘크리트 압축강도 시험에 필요한 공시체의 지름은 굵은골재 최대치수의 몇 배 이상이며 또한 몇 mm 이상이어야 하는가?

① 2배, 30mm
② 3배, 100mm
③ 2배, 100mm
④ 3배, 200mm

> | 해답 | ②
> 시험체의 지름은 굵은 골재 최대치수의 3배 이상이며, 또한 100mm 이상이여야 한다.

☐☐☐ 04②, 06⑤, 10③, 13③

152 콘크리트 휨강도 시험체를 만들 때 150×150×530mm일 때 몇 층으로 몇 회씩 다지는가?

① 3층 30회
② 3층 75회
③ 2층 60회
④ 2층 80회

| 해답 | ④
콘크리트를 2층으로 몰드의 1/2씩 채우고 콘크리트를 다짐대로 윗면적 약 $1000mm^2$에 대하여 1회 비율로 다짐한다.
∴ $\frac{150 \times 530}{1000} = 80$회

☐☐☐ 02⑤, 05①, 08①②, 09②③, 10②③, 11③, 13①③, 14②, 15②, 16①

153 지름 100mm, 높이 200mm인 콘크리트 공시체로 압축강도 시험을 실시한 결과 공시체 파괴시 최대하중이 231kN이었다. 이 공시체의 압축 강도는?

① 29.4MPa
② 27.4MPa
③ 25.4MPa
④ 23.4MPa

| 해답 | ①
$$f_c = \frac{P}{A} = \frac{231 \times 1000}{\frac{\pi \times 100^2}{4}} = 29.4 N/mm^2 = 29.4\ MPa$$

☐☐☐ 01④, 05②, 11②, 12①

154 콘크리트 압축강도 시험용 공시체의 양생은 어떤 양생방법으로 하는가?

① 습윤양생
② 건조양생
③ 피막양생
④ 가압양생

| 해답 | ①
시험체는 양생이 끝난 뒤, 즉시 습윤 상태에서 시험하여야 한다.

□□□ 03⑤, 04⑤, 06⑤, 08②, 09②③, 10②, 12②, 13②, 14①③

155 150mm×150mm×530mm 크기의 콘크리트 시험체를 450mm지간이 되도록 고정한 후 4점 재하법으로 휨강도를 측정하였다. 35kN의 최대하중에서 중앙부분이 파괴되었다면 휨강도는 얼마인가?

① 4.7MPa   ② 5.3MPa
③ 5.6MPa   ④ 5.9MPa

| 해답 | ①

$$f_b = \frac{Pl}{bh^2} = \frac{35 \times 10^3 \times 450}{150 \times 150^2} = 4.7 \text{N/mm}^2 = 4.7 \text{MPa}$$

□□□ 01④, 03①, 04①, 06⑤, 08③, 09②, 14①, 15①

156 콘크리트 휨강도 시험용 공시체의 한 변의 길이는 콘크리트에 사용될 굵은 골재 최대치수의 몇 배 이상이며, 또한 몇 mm 이상이어야 하는가?

① 2배, 50mm   ② 3배, 80mm
③ 4배, 100mm   ④ 5배, 150mm

| 해답 | ③

공시체의 한변의 길이는 굵은골재 최대치수의 4배 이상이며, 100mm 이상으로 한다.

□□□ 03⑤, 08①③, 09①②, 10③⑤, 11③, 14①, 15④

157 콘크리트 강도 시험에 사용되는 공시체의 양생 방법으로 가장 적합한 것은?

① 15±2℃에서 습윤 양생   ② 15±2℃에서 공기 중 양생
③ 20±2℃에서 습윤 양생   ④ 20±2℃에서 공기 중 양생

| 해답 | ③

시험체를 20±2℃(18~22℃)에서 습윤상태로 양생한다.

□□□ 15②, 15④

158 콘크리트의 시방배합으로 각 재료의 양과 현장골재의 상태가 아래와 같을 때 현장배합에서 굵은골재의 양은 얼마로 하여야 하는가?
(단, 현장골재는 표면건조 포화상태임)

【 시방배합 】
- 시멘트 : 300kg/m³
- 잔골재 : 666kg/m³
- 물 : 160kg/m³
- 굵은골재 : 1178kg/m³

【 현장배합 】
- 5mm체에 남은 잔골재량 : 0%
- 5mm체를 통과한 굵은골재량 : 5%

① 1116kg/m³
② 1178kg/m³
③ 1240kg/m³
④ 1258kg/m³

|해답| ③

■ 입도에 의한 조정
a : 잔골재 중 5mm체에 남은 양 : 0%
b : 굵은 골재 중 5mm체를 통과한 양 : 5%
$\therefore$ 굵은골재 $Y = \dfrac{100G - a(S+G)}{100 - (a+b)}$
$= \dfrac{100 \times 1178 - 0(666 + 1178)}{100 - (0+5)} = 1240 \,\text{kg/m}^3$

□□□ 02①⑤, 03②, 05①, 06②, 07②, 10⑤

159 콘크리트 배합에서 물-결합재비를 구할 때 고려해야 할 사항으로 가장 거리가 먼 것은?

① 소요의 강도
② 내구성
③ 수밀성
④ 외관성

|해답| ④

물-결합재비
소요의 강도, 내구성, 수밀성 및 균열저항성 등을 고려하여 정한다.

□□□ 01④, 04①, 06⑤, 08⑤, 10①

160 콘크리트 배합에 있어서 단위수량 160kg/m³, 단위시멘트량 310kg/m³, 공기량 3%로 할 때 단위골재량의 절대부피는? (단, 시멘트의 비중은 3.15이다.)

① 0.71m³ ② 0.74m³
③ 0.61m³ ④ 0.64m³

| 해답 | ①

단위 골재량의 절대 부피

$$= 1 - \left(\frac{단위\ 수량}{1000} + \frac{단위\ 시멘트량}{시멘트\ 비중 \times 1000} + \frac{공기량}{100} \right)$$

$$= 1 - \left(\frac{160}{1000} + \frac{310}{3.15 \times 1000} + \frac{3}{100} \right) = 0.71 m^3$$

□□□ 01④, 03⑤, 05①, 06②, 08①, 09③, 12②, 14③

161 물-결합재비가 50%이며, 단위수량이 160kg인 경우 단위 시멘트량은?

① 260kg ② 280kg
③ 300kg ④ 320kg

| 해답 | ④

단위 시멘트량

$$C = \frac{단위수량}{물-결합재비} = \frac{160}{0.50} = 320 kg/m^3$$

□□□ 03⑤, 09①, 14②

162 일반콘크리트에서 수밀성을 기준으로 물-결합재비를 정할 경우 그 값은 얼마를 기준으로 하는가?

① 30% 이하 ② 45% 이하
③ 50% 이하 ④ 60% 이하

| 해답 | ③

콘크리트의 수밀성을 기준으로 물-결합재비를 정할 경우 그 값은 50% 이하로 한다.

□□□ 01④, 06⑤, 14①③
163 콘크리트의 인장 강도 시험에 사용하는 시험체의 지름은 굵은골재 최대 치수의 몇 배 이상이고 또한 몇 mm이상이어야 하는가?

① 1배, 50mm
② 2배, 100mm
③ 4배, 150mm
④ 6배, 200mm

| 해답 | ③
시험체의 지름은 골재의 최대치수의 4배 이상, 150mm 이상으로 한다.

□□□ 01③, 03②, 04①②, 06⑤, 07⑤, 08②, 09①②, 10①, 13②③, 14①, 15①②
164 $\phi 150 \times 300$mm의 공시체로 콘크리트의 인장강도시험을 하였다. 파괴시 최대하중이 210kN이였다면 인장강도는?

① 2.43MPa
② 2.97MPa
③ 3.28MPa
④ 3.84MPa

| 해답 | ②
$$f_t = \frac{2P}{\pi dl} = \frac{2 \times 210 \times 10^3}{\pi \times 150 \times 300} = 2.97 \, \text{N/mm}^2 = 2.97 \, \text{MPa}$$

□□□ 11③, 15②④
165 30회 이상의 시험실적으로부터 구한 압축강도의 표준편차가 3.5MPa이고, 콘크리트 설계기준압축강도가 30MPa인 경우 배합강도는?

① 31.4MPa
② 32.5MPa
③ 33.6MPa
④ 34.7MPa

| 해답 | ④
$f_{ck} \leq 35$MPa인 경우(두 값 중 큰 값)
- $f_{cr} = f_{ck} + 1.34s = 30 + 1.34 \times 3.5 = 34.7$ MPa
- $f_{cr} = (f_{ck} - 3.5) + 2.33s = (30 - 3.5) + 2.33 \times 3.5 = 34.7$ MPa
  ∴ 배합강도 $f_{cr} = 34.7$MPa

□□□ 01③, 06①, 10⑤, 12①, 13①, 15①
166 골재의 절대 부피가 $0.75m^3$인 콘크리트에서 잔골재율이 35%이고 잔골재 밀도가 $2.60g/cm^3$이면 단위 잔골재량은 얼마인가?

① 595kg
② 643kg
③ 683kg
④ 726kg

| 해답 | ③
단위 잔골재량=단위 골재의 절대체적×S/a×잔골재밀도×1000
 =0.75×0.35×2.60×1000=683kg

□□□ 01④, 05②, 08②, 16①
167 콘크리트의 시방배합을 현장배합으로 수정할 때 필요한 사항이 아닌 것은?

① 시멘트 비중
② 골재의 표면 수량
③ 잔골재의 5mm체 잔류율
④ 굵은골재의 5mm체 통과율

| 해답 | ①
시방배합의 수정
• 입도 조정 : 잔골재와 굵은 골재
• 표면수 조정 : 단위 수량 수정

□□□ 03①, 04②, 05②, 08②, 11③, 13①③
168 콘크리트 배합설계시 사용 시멘트량이 $280kg/m^3$이고 물－결합재비가 46% 이상일 때 사용수량은 약 얼마인가?

① $89kg/m^3$
② $129kg/m^3$
③ $151kg/m^3$
④ $609kg/m^3$

| 해답 | ②
단위 수량=단위 시멘트량×$W/B=280×\dfrac{46}{100}=129\,kg/m^3$

☐☐☐ 03①, 04⑤, 06⑤, 09③, 16③

169 콘크리트의 배합에서 시방서 또는 책임기술자가 지시한 배합을 무엇이라고 하는가?

① 현장배합 ② 시방배합
③ 표면배합 ④ 책임배합

| 해답 | ②
- 시방배합 : 시방서 또는 책임기술자가 지시한 배합이다.
- 현장배합 : 현장에서 사용하는 골재의 함수상태와 골재량에 따라 현장에서 시방배합을 고친 것이다.

☐☐☐ 01④, 05②, 06①②, 08②, 11③, 16①

170 콘크리트의 시방배합을 현장배합으로 수정할 때 일반적으로 재료 계량의 양이 달라지지 않는 것은?

① 물 ② 시멘트
③ 잔골재 ④ 굵은골재

| 해답 | ②
시방배합에서 현장배합 조정
- 단위 시멘트량은 변화 없다.
- 입도 조정 : 잔골재와 굵은 골재
- 표면수 조정 : 단위 수량 수정

☐☐☐ 07⑤, 10②⑤, 15④, 16①

171 콘크리트의 시방 배합에서 기준으로 하는 골재의 함수상태로 옳은 것은?

① 절대 건조 상태 ② 공기 중 건조 상태
③ 표면 건조 포화 상태 ④ 습윤 상태

| 해답 | ③
시방배합은 골재의 표면 건조 포화상태에 있는 것을 기준으로 한다.

□□□ 02⑤, 03⑤, 04①, 05②, 06②, 08③, 09①⑤, 10①, 12①②, 15④

172 된 반죽콘크리트의 압축강도 시험 공시체 제작을 할 때 시멘트풀로 캐핑을 하고자 한다. 이때 사용하는 시멘트풀의 물- 결합재비로 가장 적합한 것은?

① 20~23%
② 27~30%
③ 33~36%
④ 40~43%

> |해답| ②
> 몰드 제작후 2~6시간 지나서 된 반죽의 시멘트풀($W/C=27~30\%$)로 시험체의 표면을 캐핑한다.

□□□ 05①, 08⑤, 09①, 14①

173 굵은골재의 최대치수가 40mm인 경우에 사용하는 콘크리트 압축강도 시험용 공시체의 크기로 가장 적합한 것은?

① $\phi 150 \times 400mm$
② $\phi 150 \times 150mm$
③ $\phi 150 \times 300mm$
④ $\phi 100 \times 200mm$

> |해답| ③
> • 굵은골재의 최대치수가 50mm 이하인 경우 : $\phi 150mm \times 300mm$
> • 굵은골재의 최대치수가 25mm 이하인 경우 : $\phi 100mm \times 200mmm$

□□□ 01③④, 04⑤, 08②, 10③, 11①, 12①②, 14①③, 15①

174 콘크리트의 블리딩 시험에 대한 아래표의 설명에서 ( )에 들어갈 시간(분)으로 옳은 것은?

> 기록한 처음 시각에서 60분 동안 (a)분마다, 콘크리트 표면에 스며나온 물을 빨아낸다. 그 후는 블리딩이 정지할 때까지 (b)분마다 물을 빨아낸다.

① $a=40$분, $b=10$분
② $a=30$분, $b=10$분
③ $a=10$분, $b=30$분
④ $a=10$분, $b=60$분

| 해답 | ③
처음 60분 동안은 10분 간격으로 그 후는 블리딩이 정지할 때까지 30분 간격으로 표면에 떠오른 블리딩 물을 빨아낸다.

□□□ 06⑤, 09①, 10③, 11③, 14②

175 1.18mm 체에 5%(질량비) 이상 남는 잔골재에 대해 체가름 시험을 실시하고자 할 때 시험을 위한 최소의 시료량은?

① 100g
② 300g
③ 500g
④ 1000g

| 해답 | ③
잔골재 체가름 시험 시료의 표준량

골재알의 크기	시료의 최소량
1.18mm체를 95%(질량비) 이상 통과하는 것	100g
1.18mm체를 5%(질량비) 이상 남는 것	500g

□□□ 11③, 15②

176 로스앤젤레스 시험기에 의한 굵은골재의 마모시험을 실시한 결과가 아래의 표와 같을 때 마모감량은?

- 시험 전의 시료의 질량 : 5000g
- 시험 후 1.7mm의 망체에 남은 시료의 질량 : 4525g

① 8.5%
② 9.5%
③ 10.5%
④ 11.5%

| 해답 | ②

$$\text{마모율} = \frac{m_1 - m_2}{m_1} \times 100 = \frac{5000 - 4525}{5000} \times 100 = 9.5\%$$

□□□ 04⑤, 07②, 13②
177 갇힌 공기량 2%, 단위 수량 180kg, 단위 시멘트량 315kg인 콘크리트의 단위 골재량의 절대부피는 얼마인가? (단, 시멘트의 비중은 3.15g/cm³임)

① 650L ② 680L
③ 700L ④ 730L

| 해답 | ③
단위수량 절대용적 = 180L
단위시멘트의 절대용적 $V_c = \dfrac{315}{0.00315 \times 1000} = 100L$
공기량 = 1000 × 0.02 = 20L
∴ 골재의 절대용적 = 1000 − (180 + 100 + 20) = 700L

□□□ 01③, 08②, 09①②③, 11③, 14①, 16③
178 단위 골재량의 절대부피가 0.75m³인 콘크리트에서 절대잔골재율이 38%이고 잔골재의 표면밀도 2.6g/cm³, 굵은골재의 표건밀도가 2.65g/cm³라면 단위 굵은 골재량은 몇 kg인가?

① 945 ② 1012
③ 1134 ④ 1232

| 해답 | ④
단위 굵은골재량 = 단위 골재의 절대체적 × $\left(1 - \dfrac{S}{a}\right)$ × 굵은골재 밀도 × 1000
= 0.75 × (1−0.38) × 2.65 × 1000 = 1232kg/m³

□□□ 03③, 04①③, 06①, 08⑤, 09③, 10②③, 11③, 13④, 16①
179 단위 잔골재의 절대 부피가 256L이고, 단위 굵은 골재의 절대 부피가 399L 일 경우 잔골재율은?

① 26% ② 34%
③ 40% ④ 42%

| 해답 | ③

$$S/a = \frac{\text{단위 잔골재의 절대부피}}{\text{단위 골재량의 절대부피}} \times 100$$

$$\therefore S/a = \frac{S}{S+G} \times 100 = \frac{256}{256+399} \times 100 = 39\%$$

□□□ 12①, 15①, 16①

180 콘크리트의 압축강도시험에서 하중을 가하는 속도는 공시체에 충격을 주지 않도록 똑같은 속도로 하중을 가하여야 한다. 이 때 하중을 가하는 속도는 압축응력도의 증가율이 얼마나 되도록 하여야 하는가?

① 매초(0.6±0.2)MPa이 되도록 한다.
② 매초(1±0.4)MPa이 되도록 한다.
③ 매초(1.6±0.4)MPa이 되도록 한다.
④ 매초(2±0.4)MPa이 되도록 한다.

| 해답 | ①

- 압축강도시험 : 매초(0.6±0.2)MPa
- 인장강도 시험 : 매초(0.06±0.04)MPa
- 휨강도 시험 : 매초(0.06±0.04)MPa

콘크리트기능사
합격 D-1 핵심문제

發行處　**(주) 한솔아카데미**

(우)06775 서울시 서초구 마방로10길 25 트윈타워 A동 2002호
TEL : (02)575-6144/5　　FAX : (02)529-1130
〈1998. 2. 19 登錄 第16-1608號〉

※ 破本은 交換해 드립니다.

※ 본 교재의 내용 중에서 오타, 오류 등은 발견되는 대로 한솔아카데미 인터넷 홈페이지를 통해 공지하여 드리며 보다 완벽한 교재를 위해 끊임없이 최선의 노력을 다하겠습니다.
www.inup.co.kr / www.bestbook.co.kr